Andreas Benda (Hrsg.)

Licht scheint
in der dunklen Nacht

Erzählungen zur Advents- und
Weihnachtszeit

BRUNNEN

VERLAG GIESSEN · BASEL

ABCteam-Bücher erscheinen in folgenden Verlagen:
Aussaat Verlag Neukirchen-Vluyn
R. Brockhaus Verlag Wuppertal und Zürich
Brunnen Verlag Gießen und Basel
Christliches Verlagshaus Stuttgart
Oncken Verlag Wuppertal und Kassel

4. Auflage 2000

© 1994 Brunnen Verlag Gießen
Abdruck der Texte mit freundlicher Genehmigung
der im Quellennachweis angegebenen Verlage
Umschlagmotiv: Renate Diehl
Umschlaggestaltung: Ralf Simon
Herstellung: Ebner Ulm
ISBN 3-7655-3951-1

Inhalt

4

Josef Reding

KEIN PLATZ IN KOSTBAREN KRIPPEN

Wenn Umberto sich mit dem Rücken gegen die Wand lehnte, kroch der Frost aus dem großporigen Beton in seine Schulterblätter. Wenn er sich von der Wand abstieß, wurde ihm die einjährige Tochter Gina in seinen Armbeugen zu schwer. So pendelte Umberto verdrossen mit dem Oberkörper hin und her. Der kleinen Gina behagte dieses Wiegen. Sie lächelte.

Umberto lächelte nicht. Er grübelte. Warum brauchte Paolina mehr als eine Stunde Zeit, um vier Mark dreiundachtzig in Kaufläden unterzubringen? Jawohl: vier Mark dreiundachtzig! Soviel Geld war ihnen noch geblieben, als sie gestern die großen Lirescheine gegen erschreckend kleine deutsche Banknoten eingetauscht und die erste Miete bezahlt hatten. Vier Mark dreiundachtzig. Herzlich wenig in diesem Land, in dem sie nun seit zwei Tagen wohnten und er seit einem Tag arbeitete. So wenig jedenfalls, daß man das Geld für einen winzigen Einkauf im nächsten Geschäft in Sekundenschnelle loswerden konnte. Aber

Paolina war nun schon eine halbe Ewigkeit fort. Ich will nur ein wichtiges Weihnachtsgeschenk kaufen, für uns alle! Warte hier mit Gina solange auf mich! So hatte Paolina gesagt, als sie mit ihren honiggelben Sommerschuhen den Trampelpfad im Schnee davoneilte.

Umbertos Ruf: Nimm mich doch mit! hatte Paolina mit dem ablehnenden, schon verwehten Satz: Soll eine Überraschung sein! beantwortet.

Und jetzt steht Umberto da und trampelt manchmal mit den Beinen, gegen die Kälte und aus Unmut über das lange Ausbleiben seiner Frau. Sein dünner Mantel ist gerade noch den Wintertemperaturen Siziliens, nicht aber dem Frost dieser deutschen Gegend gewachsen. Jetzt hat auch Gina ihr Lächeln aus dem Gesicht geräumt. Gina tut das, was sich Umberto verkneifen muß: Sie kräht ihren Protest gegen das lange Warten heraus.

Umberto weiß, daß er hier draußen nicht mehr stehenbleiben kann. Er muß sich mit Gina irgendwo unterstellen, selbst auf die Gefahr hin, daß Paolina Schwierigkeiten hat, sie wiederzufinden.

Aber wohin soll Umberto gehen? Für ein Café oder Gasthaus hat er kein Geld. Und in den Kaufhäusern kann man in dem Geschiebe und Gerenne dieser Tage keinen Fußbreit Stehplatz finden.

Jetzt erst schaut Umberto das Gebäude, vor dem er steht, genauer an. Umberto liest »Museum« über dem Portal und empfindet Genugtuung darüber, daß man auch in diesem Land ohne Lehnwörter aus seiner Sprache nicht auskommt. Er sieht ein mannshohes Plakat mit einer stilisierten Krippe. Vielleicht sollte ich in diesen Kunstbunker hineingehen, denkt Umberto. Jedenfalls sind im Museum weniger Leute als im Großkaufhaus.

Aber wenn ich Eintritt bezahlen muß . . .?

Umberto braucht keinen Eintritt zu bezahlen: »Die internationale Wanderausstellung ›Kostbare Krippen aus aller Welt‹ ist frei!« sagt die Frau im Foyer.

»Katalog mit 90 Abbildungen 6 Mark.«

Umberto versteht von diesen Sätzen nichts. Er begreift aber die Geste, mit der die Frau ins Innere des Gebäudes zeigt: Sie können gehen, es kostet nichts.

Gina wird still. Die Wärme in den mit blauen Teppichböden ausgelegten Räumen tut ihr wohl. Umberto schlägt seinen Mantelkragen herunter; ein mühsamer Vorgang mit dem Kind auf dem Arm.

Umberto staunt. Bisher hat er die mit Goldpapier beklebte Krippe seiner sizilianischen Heimatkirche Sant' Agnese für besonders prunkvoll gehalten. Aber was er hier sieht, übertrifft sein Vorstellungsvermögen. Da sind Krippen in Bronze und Kupfer, in Elfenbein und Alabaster. Da sind Krippen, besetzt mit Edelsteinen, bemalt mit biblischen Szenen, ausgelegt mit Purpur und Bilderteppichen. Und wahre Heerscharen von Figuren!

»Diese Schnitzkrippe von 1481 wurde gefertigt vom neapolitanischen Meister Frederico Giorghese«, sagt ein kleiner, schneller Mensch in Umbertos Nähe zu einer Gruppe älterer Damen, die an ihren einheitlichen Kostümjacken eine Kennkarte mit der Aufschrift »Kongreß des Brauchtumsvereins Kurkölnisches Sauerland« tragen. »Ah«, sagen die Damen. Sie sagen oft nur ah, wenn der wieselflinke Erklärer dazu eine Pause läßt.

»Von diesem Jahr 1481 existiert in der Kunstgeschichte die Krippenepoche. Von Neapel aus verbreitete sich dann die Krippenkunst in ganz Mitteleuropa, zunächst in Prag und Altötting. Eine ausgesprochene Rarität ist die Eskimokrippe aus Walroßzähnen, die ich mit großer Mühe aus einer Sammlung in Reykjavik ausleihen konnte. Sie steht im Nebenraum . . .«

Die kurkölnischen Brauchtumsdamen verschwinden mit dem eiligen Kunstwart nach nebenan. Ihre entzückten Ah-Rufe klingen nur noch gedämpft zu Umberto hinüber. Umberto läßt den Namen Frederico Giorghese – das einzige, was er neben Neapel aus der Rede des Erklärers verstanden hat – in seinem Kopf nachklingen.

Dio mio, denkt Umberto, was wären diese Leute hier Banausen ohne uns. Aber was nützt es uns, wenn sie hier einen Landsmann rühmen. Mich beachtet niemand. Ich habe keinen Pfennig in der Tasche. Meinen Namen kennt keiner. Dabei denkt Umberto wieder an seine Frau, die mit den vier Mark dreiundachtzig auf der Suche nach Weihnachtsüberraschungen ist. Was Paolina wohl dafür bekommen wird? Jedenfalls kaum eins der Geschenke, die hier die Krippenfiguren zum Jesuskind bringen. Und Umberto betrachtet die Hirten, die Lämmer und Butterwecken, Flöten und Schalmeien, Früchte und Felle darbringen, und die Könige, die eigenhändig Gold, Weihrauch und Myrrhe dem Knaben entgegenreichen. Die Könige benehmen sich etwas linkisch dabei, denkt Umberto und findet nach einigem Nachdenken eine einleuchtende Erklärung: Könige sind im Anreichen nicht geübt, weil sie alles gereicht kriegen. Basta.

Umberto neidet dem Christkind die Gaben nicht. Waren ja auch arme Schlucker, die aus der Santa Familia, denkt er. Aber es wäre schön, wenn wir etwas von den Krippengeschenken abbekommen könnten. Paolina braucht dringend ein paar Winterstiefel; sie holt sich mit ihren leichten Sommerschuhen im Schnee eine Krankheit. Und wenn mir einer der Hirten auch so ein Lammfell schenken würde, könnte ich Gina gleich draußen warm damit einpacken . . .

Gina schläft. Umberto geht jetzt auf Zehenspitzen durch den Raum, obgleich der Teppichboden ohnehin die Schritte schluckt. Umberto sieht sich nach einem Stuhl um. Es ist kein Stuhl da. Nur Krippen. Vielleicht findet sich in einem der anderen Räume eine Sitzgelegenheit?

Umberto überholt die Gruppe der kurkölnischen Brauchtumsfrauen. Er fürchtet, daß Gina durch die lauten Erklärungen des Kunstführers wach wird. Aber Gina schläft weiter. Das Gewicht des Kindes wird für Umberto immer schwerer. Er vermeint, ein Kalb auf seinen schmerzenden Armen zu tragen. Er muß Gina irgendwo ablegen. Wenigstens für eine kleine Verschnaufpause. Sonst fällt ihm das Kind schließlich noch von den Armen. Umberto sucht vergebens. Er findet nicht einmal eine Fensterbank in diesem klimatisierten, mit Lichtröhren erhellten Kunstbunker. Da sieht Umberto eine leere Krippe. Eine schmucklose

Krippe aus dunklen, nagellos ineinandergefugten Brettern. Weder in noch an der Krippe sind Figuren. Nur ein Schild steht dabei, aber dessen Aufschrift kann Umberto nicht lesen.

Zwar ist um die Krippe eine Absperrung angebracht: vernickelte Ständer mit einer umlaufenden dikken roten Kordel. Aber Umberto kann vorsichtig über die niedrige Barriere steigen und Gina in die Krippe legen. Jetzt geht er mit großen Schritten wie erlöst durch den Raum, kreuzt die Unterarme über die Brust und massiert mit wohligem Ächzen die gepeinigte Schulterpartie. Mit müden Bewegungen zieht er den Mantel aus, rollt ihn zusammen, legt ihn an der Wand auf den Boden und setzt sich darauf. Er spürt, wie Schweißtropfen von seinen Schläfen rieseln.

Umberto lächelt erschöpft. Im Stall zu Bethlehem wird auch kein Stuhl gewesen sein, denkt er. Deswegen sind Maria und Josef immer kniend oder stehend dargestellt.

Aus dem angrenzenden Raum tönt der Singsang des Kunstverständigen.

»Und im letzten Kabinett, meine verehrten Damen, haben wir ein Exponat, das am geschichtsträchtigsten ist. Nach einer – freilich umstrittenen – orientalischen Überlieferung soll es sich um die Originalkrippe handeln, in der Jesus unmittelbar nach seiner Geburt gelegen hat. Immerhin ist wissenschaftlich festgestellt, daß das Holz dieser Krippe etwa zweitausend Jahre alt ist. Die Bretter sind aus Zedern geschnitten, einer Baumart, die sich bei Bethlehem häufig findet. Auch entspricht die Bauweise der Krippe durchaus den Mustern, die zu Beginn der christlichen Zeitrechnung bei den palästinensischen Bauern üblich waren. Aber – wie gesagt – mit einiger Wahrscheinlichkeit wird es sich um eine Krippe aus dem dortigen Raum und nicht um *die* Krippe handeln. Auf jeden Fall stellt sie eine Besonderheit dar. Ihre Geschichte läßt sich bis zu den Kreuzzügen zurückverfolgen; es ist eine Leihgabe aus dem Privatbesitz des maltesischen Grafen Liondo. Übrigens das höchstversicherte Stück unserer gewiß nicht billigen Aus . . . aber, aber das ist ja unfaßbar, unglaublich ist das!«

Der Kunstwart steht in der Verbindungstür und starrt auf das schlafende Kind in der schlichten Krippe, deren Einmaligkeit er den Brauchtumsdamen schon vorab geschildert hatte; eine Art akustischer Appetitmacher.

»Aaaaaahhhh!« sagen die Frauen, die Gina in der Krippe sehen. Eine drängt sich nach vorn und fragt: »Da ist doch ein Wunder geschehen, nöch?« – »Sieht man ja: ein Wunder! Aaaaaaahhhhh!« machen die Brauchtumsdamen.

»Nein, kein Wunder!« ruft der Kunstführer mit hoher, bebender Stimme. »Nein, nur ein pietätloses Benehmen dieses merkwürdigen Herrn da im Schneidersitz auf dem Boden! Dieser Herr, der unsere unersetzliche Krippe offenbar als Ablage für sein Kind entweiht, zweckentfremdet, mißbraucht – Sie!«

Der kleine Kunsterklärer läuft auf Umberto zu. Als er bei ihm ist, hüpft er vor ihm auf und nieder: »Sie! Es stimmt doch, ja? Sie haben doch das Kind in unser zweitausend Jahre altes Exponat gelegt, obgleich eine

Absperrung angebracht wurde und es groß auf diesem Schild geschrieben steht, um welches singuläre Stück es sich handelt, und obgleich hier dick gedruckt zu lesen ist: Nicht berühren! Hören Sie? Nicht berühren! Und Sie berühren das Unikat nicht nur, Sie betten sogar Ihren Nachwuchs hinein, Sie . . .!«

Umberto schiebt sich mit dem Rücken die Wand hoch, wobei er den zornigen Mann im Auge behält. Der Kunstführer ist so plötzlich auf ihn losgestürzt, daß Umberto für einen Moment an einen Tobsuchtsanfall bei dem fuchtelnden Menschen glaubt. Denn soviel Wut, nur weil er sich zum Ausruhen auf den Boden gesetzt hat, muß doch krankhaft sein.

Verständnislos zuckt Umberto mit den Schultern. Vielleicht verwechselt mich der Zornige mit jemandem!

Vielleicht glaubt er, ich habe etwas von den Krippen gestohlen? Ich will ihm sagen, wie ich heiße: »Umberto Gorgetto!« sagt Umberto mit einer knappen Verbeugung.

»Robert Krakowiak«, sagt der Museumsdirektor und verbeugt sich auch und ist sofort wütend darüber, daß er sich in das Zeremoniell der gegenseitigen Vorstellung hat hineinlocken lassen. »Sie! Lassen wir den Quatsch!« ruft er. »Holen Sie sofort Ihr Kind aus der Krippe!« Umberto bewegt sich nicht. Da packt Krakowiak den Sizilianer am Arm und drängt ihn zur Krippe. »Herausnehmen, los!«

»Der versteht nichts«, sagt eine der Brauchtumsdamen. »Er ist wahrscheinlich ein frischer Gastarbeiter.«

»Na, so frisch ist er auch nicht mehr«, sagt eine andere. »Ganz müde sieht er aus im Gesicht.«

Der Kunstführer erinnert sich jetzt an Umbertos Namen und ruft: »Ihr Bambino, Signor Umberto! Rausnehmen, avanti! Verstehen? Ex und hopp!« Und Krakowiak macht die Bewegung des Hinauswerfens.

»Ist es wenigstens ein Junge?« erkundigt sich eine der Damen, »denn ein Mädchen in der Krippe, das wäre ja...«

»Ex und hopp!« ruft Krakowiak hartnäckig.

Umberto hat längst begriffen. Und weil er begriffen hat, wächst sein Widerstand. Wie reden sie von meiner kleinen Gina? Feindselig reden sie! Ex und hopp!

Soll ich ein Kind hinauswerfen wie eine leergetrunkene Bierflasche? Mama mia, wie gehen die Leute hier mit Kindern um! Sicher haben sie alle hier ihre Kindheit im Ex- und Hopp-Stil verbracht! Vor allem dieser schreckliche Direttore!

Und Umberto beschließt, diesem Menschen nicht zu willfahren. Ein Kind ist wichtiger als eine Sache, und wenn die Sache auch eine uralte Krippe ist. Ein Kind geht vor! Und Umberto steht neben der roten Absperrkordel und sagt klar: »No!«

Das eindeutige »No!« hackt den Redeschwall Krakowiaks ab. Der Kunstbetreuer weiß nicht mehr, was er machen soll. Er kann doch das Kind schließlich nicht selbst... Aber Scherereien gibt es so und so. Nimmt er das Kind heraus, schlägt dieser italienische Vater ihn schließlich nieder. Läßt er das Kind darin, dann macht es vielleicht in die kostbare Krippe – nicht auszudenken!

»Sie müssen das nicht so plump machen, Herr Museumsdirektor«, sagt eine der Damen. »Das Kind sieht doch süß aus.«

Zwar sieht Krakowiak den logischen Zusammenhang zwischen den beiden Sätzen nicht, aber er merkt, daß er falsch vorgegangen ist. Krakowiak spürt auch, daß die Stimmung der Frauengruppe umschlägt. Zugunsten Umbertos und seines Kindes. Und Umberto hat die Schar der Brauchtumsdamen endgültig auf seiner und Ginas Seite, als Gina jetzt aufwacht, Krakowiak sieht und ein feines, klagendes Schluchzen hören läßt.

»Ooooooooooch«, sagen die Frauen bedauernd und einstimmig. Und eine nestelt aus ihrem Täschchen eine daumengroße Keramik: eine Katze, die einen Buckel macht.

Die Frau gibt Umberto das Tier und sagt: »Für Bambino!«

»Bambina!« sagt Umberto. »Gina!«

»Aaaah, Gina!« wiederholen die Brauchtumsdamen. »Schöner Name.«

Und wieder ist eine bei Umberto und drückt ihm ein flaches Päckchen in die Hand: »Spitzentaschentuch, wollte ich verschenken, verschenke ich jetzt an Gina!«

Jetzt besinnen sich die meisten Frauen darauf, daß sie vor dem Gang zur Ausstellung noch einen letzten Shopping-Bummel gemacht und Kleinigkeiten eingekauft haben; ein Stückchen Gewürzseife, ein Gläschen mit kandierten Früchten, einen Koalabären, ein Fläschchen Gesichtswasser ... Das alles wandert herüber zu Umberto, jedesmal begleitet von dem Namen

14

der Adressatin: Für Gina! Und Umberto spürt, wie ihm von den ihn und die Krippe umdrängelnden Frauen sogar Geldstücke und Scheine in die Jackentasche geschoben werden: Für Gina! Umberto ist über die unerwartete Entwicklung der Lage so ratlos, daß ihm die Abwehrgeste, zu der er ansetzt, nicht überzeugend genug gelingt. Er stopft die Geschenke schließlich entschlossen in die Taschen. Es ist ja für Gina, sagt er sich. Die Damen vom Brauchtumsverein sind gerührt, als Umberto mit der ganzen Zärtlichkeit eines sizilianischen Vaters die kleine Gina unendlich behutsam aus der Krippe nimmt.

»Unseres Herzens Wonne liegt in Praesäpio«, trällert eine der Frauen mit einer kieksigen Sopranstimme.

Als sich die Gruppe wieder in Bewegung setzt, haben alle ein zufriedenes Lächeln auf den meist rundlichen Gesichtern. Der Kunstwart lächelt nicht, aber er geht etwas langsamer, ein bei ihm seltenes Zeichen innerer Ausgeglichenheit.

»Umberto! Ich suche dich schon seit einer ganzen Stunde. Wie geht es Gina? Die Frau am Eingang hat mir gesagt, daß du hier hineingegangen bist. Ist alles in Ordnung?« Umberto freut sich, daß Paolina wieder da ist. Er hatte sich zwar vorgenommen, Paolina wegen ihres späten Kommens zu tadeln, aber jetzt ist er zu müde und zu glücklich dazu. So sagt er nur: »Hast du etwas bekommen, für die vier Mark dreiundachtzig?«

»Und ob!« sagt Paolina. »Hier ist die Überraschung!« Paolina hebt ein Buch hoch: Deutscher

Sprachlehrgang für Italiener, unter besonderer Berücksichtigung für die praktische Anwendung in Beruf, Haus und Einkauf.

»Das soll besonders gut sein, und man lernt Deutsch ganz schnell damit«, sagt Paolina. »Ich mußte in mehreren Geschäften deswegen nachfragen. Kostet vier Mark fünfzig. Jetzt haben wir noch dreiunddreißig Pfennig. Oder hast du inzwischen schon Schulden gemacht?«

»Im Gegenteil«, sagt Umberto und grinst.

»Wieso?« fragt Paolina.

»Na ja, machmal ist es gut, wenn man eine Sprache nicht zu schnell versteht«, sagt Umberto. »Aber das mit dem Sprachbuch ist eine gute Idee. Da kann Gina gleich mit der deutschen Sprache aufwachsen. Und schau du jetzt mal in deinem kleinen Buch nach, was ›Einkaufen‹ heißt und was ›Schenken‹ und was ›Weihnachten feiern‹!«

»Warum?«

»Weil wir das nämlich jetzt tun wollen.«

»Mit dreiunddreißig Pfennigen?«

»Leg die dreiunddreißig Pfennig mal hier in die Jakkentasche. Ich hab' das Gefühl, die vermehren sich da.«

»Du unverbesserlicher Träumer«, sagt Paolina. »Komm, gib mir Gina. Wir haben noch einen langen Weg bis zum Wohnlager. Und für einen Omnibusfahrschein reicht unser Geld nicht mehr . . .«

»Doch«, sagt Umberto.

Selma Lagerlöf

DIE HEILIGE NACHT

Als ich fünf Jahre alt war, hatte ich einen großen Kummer. Ich weiß kaum, ob ich seitdem einen größeren gehabt habe.

Das war, als meine Großmutter starb. Bis dahin hatte sie jeden Tag auf dem Ecksofa in ihrer Stube gesessen und Märchen erzählt.

Ich weiß es nicht anders, als daß Großmutter dasaß und erzählte, vom Morgen bis zum Abend, und wir Kinder saßen still neben ihr und hörten zu. Das war ein herrliches Leben. Es gab keine Kinder, denen es so gut ging wie uns.

Ich erinnere mich nicht an sehr viel von meiner Großmutter. Ich erinnere mich, daß sie schönes, kreideweißes Haar hatte und daß sie sehr gebückt ging, und daß sie immer dasaß und an einem Strumpf strickte.

Dann erinnere ich mich auch, daß sie, wenn sie ein Märchen erzählt hatte, ihre Hand auf meinen Kopf zu legen pflegte, und dann sagte sie: »Und das alles ist so wahr, wie daß ich dich sehe und du mich siehst.«

Ich entsinne mich auch, daß sie schöne Lieder singen konnte, aber das tat sie nicht alle Tage. Eines dieser Lieder handelte von einem Ritter und einer Meerjungfrau, und es hatte den Kehrreim: »Es weht so kalt, es weht so kalt, wohl über die weite See.«

Dann entsinne ich mich eines kleinen Gebets, das sie mich lehrte, und eines Psalmverses.

Von allen den Geschichten, die sie mir erzählte, habe ich nur eine schwache, unklare Erinnerung. Nur an eine einzige von ihnen erinnere ich mich so gut, daß ich sie erzählen könnte. Es ist eine kleine Geschiche von Jesu Geburt.

Seht, das ist beinahe alles, was ich noch von meiner Großmutter weiß, außer dem, woran ich mich am besten erinnere, nämlich den großen Schmerz, als sie dahinging.

Ich erinnere mich an den Morgen, an dem das Ecksofa leer stand und es unmöglich war, zu begreifen, wie die Stunden des Tages zu Ende gehen sollten. Daran erinnere ich mich. Das vergesse ich nie.

Und ich erinnere mich, daß wir Kinder hingeführt wurden, um die Hand der Toten zu küssen. Und wir hatten Angst, es zu tun, aber da sagte uns jemand, daß wir nun zum letztenmal Großmutter für alle die Freude danken könnten, die sie uns gebracht hatte.

Und ich erinnere mich, wie Märchen und Lieder vom Hause wegfuhren, in einen langen, schwarzen Sarg gepackt, und niemals wiederkamen.

Ich erinnere mich, daß etwas aus dem Leben verschwunden war. Es war, als hätte sich die Tür zu einer ganzen schönen, verzauberten Welt geschlossen, in der wir früher frei aus und ein gehen durften. Und nun gab es niemand mehr, der sich darauf verstand, diese Tür zu öffnen.

Und ich erinnere mich, daß wir Kinder so allmählich lernten, mit Spielzeug und Puppen zu spielen und zu leben wie andere Kinder auch, und da konnte es ja den Anschein haben, als vermißten wir Großmutter nicht mehr, als erinnerten wir uns nicht mehr an sie.

Aber noch heute, nach vierzig Jahren, wie ich da sitze und die Legenden über Christus sammle, die ich drüben im Morgenland gehört habe, wacht die kleine Geschichte von Jesu Geburt, die meine Großmutter zu erzählen pflegte, in mir auf. Und ich bekomme Lust, sie noch einmal zu erzählen und sie auch in meine Sammlung mit aufzunehmen.

Es war an einem Weihnachtstag, alle waren zur Kirche gefahren, außer Großmutter und mir. Ich glaube, wir beide waren im ganzen Hause allein. Wir hatten nicht mitfahren können, weil die eine zu jung und die andere zu alt war. Und alle beide waren wir betrübt, daß wir nicht zum Mettegesang fahren und die Weihnachtslichter sehen konnten.

Aber wie wir so in unserer Einsamkeit saßen, fing Großmutter zu erzählen an.

»Es war einmal ein Mann«, sagte sie »der in die dunkle Nacht hinausging, um sich Feuer zu leihen. Er ging von Haus zu Haus und klopfte an. ›Ihr lieben Leute, helft mir!‹ sagte er. ›Mein Weib hat eben ein Kindlein geboren, und ich muß Feuer anzünden, um sie und den Kleinen zu erwärmen.‹

Aber es war tiefe Nacht, so daß alle Menschen schliefen, und niemand antwortete ihm.

Der Mann ging und ging. Endlich erblickte er in weiter Ferne einen Feuerschein. Da wanderte er dieser Richtung zu und sah, daß das Feuer im Freien brannte.

Eine Menge weißer Schafe lagen rings um das Feuer und schliefen, und ein alter Hirt wachte über der Herde. Als der Mann, der Feuer leihen wollte, zu den Schafen kam, sah er, daß drei große Hunde zu Füßen des Hirten ruhten und schliefen. Sie erwachten alle drei bei seinem Kommen und sperrten ihre weiten Rachen auf, als ob sie bellen wollten, aber man vernahm keinen Laut. Der Mann sah, daß sich die Haare auf ihrem Rükken sträubten, er sah, wie ihre scharfen Zähne funkelnd weiß im Feuerschein leuchteten und wie sie auf ihn losstürzten. Er fühlte, daß einer nach seiner Hand und daß einer sich an seine Kehle hängte. Aber die Kinnladen und die Zähne, mit denen die Hunde beißen wollten, gehorchten ihnen nicht, und der Mann litt nicht den kleinsten Schaden.

Nun wollte der Mann weitergehen, um das zu finden, was er brauchte. Aber die Schafe lagen so dicht nebeneinander, Rücken an Rücken, daß er nicht vorwärts kommen konnte. Da stieg der Mann auf die Rücken der Tiere und wanderte über sie hin dem Feuer zu. Und keins von den Tieren wachte auf oder regte sich.«

Soweit hatte Großmutter ungestört erzählen können, aber nun konnte ich es nicht lassen, sie zu unterbrechen. »Warum regten sie sich nicht, Großmutter?« fragte ich.

»Das wirst du nach einem Weilchen schon erfahren«, sagte Großmutter und fuhr mit ihrer Geschichte fort. »Als der Mann fast beim Feuer angelangt war, sah der Hirt auf. Es war ein alter, mürrischer Mann, der unwirsch und hart gegen alle Menschen war. Und als er einen Fremden kommen sah, griff er nach seinem langen, spitzigen Stabe, den er in der Hand zu halten pflegte, wenn er seine Herde hütete, und warf ihn nach ihm. Und der Stab fuhr zischend gerade auf den Mann los, aber ehe er ihn traf, wich er zur Seite und sauste an ihm vorbei weit über das Feld.«

Als Großmutter soweit gekommen war, unterbrach ich sie abermals. »Großmutter, warum wollte der Stock den Mann nicht schlagen?« Aber Großmutter ließ es sich nicht einfallen, mir zu antworten, sondern fuhr mit ihrer Erzählung fort.

»Nun kam der Mann zu dem Hirten und sagte zu ihm: ›Guter Freund, hilf mir und leih mir ein wenig Feuer. Mein Weib hat eben ein Kindlein geboren, und ich muß Feuer machen, um sie und den Kleinen zu erwärmen.‹ Der Hirt hätte am liebsten nein gesagt, aber als er daran dachte, daß die Hunde dem Manne nicht hatten schaden können, daß die Schafe nicht vor ihm davongelaufen waren und daß sein Stab ihn nicht fällen wollte, da wurde ihm ein wenig bange, und er wagte es nicht, dem Fremden das abzuschlagen, was er begehrte. ›Nimm, soviel du brauchst‹, sagte er zu dem Manne.

Aber das Feuer war beinahe ausgebrannt. Es waren keine Scheite und Zweige mehr übrig, sondern nur ein großer Gluthaufen, und der Fremde hatte weder Schaufel noch Eimer, worin er die roten Kohlen hätte tragen können.

Als der Hirt dies sah, sagte er abermals: ›Nimm, soviel du brauchst!‹ Und er freute sich, daß der Mann kein Feuer wegtragen konnte. Aber der Mann beugte sich hinunter, holte die Kohlen mit bloßen Händen aus der Asche und legte sie in seinen Mantel. Und weder versengten die Kohlen seine Hände, als er sie berührte, noch versengten sie seinen Mantel, sondern der Mann trug sie fort, als wenn es Nüsse oder Äpfel gewesen wären.«

Aber hier wurde die Märchenerzählerin zum drittenmal unterbrochen. »Großmutter, warum wollte die Kohle den Mann nicht brennen?«

»Das wirst du schon hören«, sagte Großmutter, und dann erzählte sie weiter.

»Als dieser Hirt, der ein so böser, mürrischer Mann war, dies alles sah, begann er sich bei sich selbst zu wundern: ›Was kann dies für eine Nacht sein, wo die Hunde die Fremden nicht beißen, die Schafe nicht erschrecken, die Lanze nicht tötet und das Feuer nicht brennt?‹ Er rief den Fremden zurück und sagte zu ihm: ›Was ist dies für eine Nacht? Und woher kommt es, daß alle Dinge dir Barmherzigkeit zeigen?‹

Da sagte der Mann: ›Ich kann es dir nicht sagen, wenn du selber es nicht siehst.‹ Und er wollte seiner Wege gehen, um bald ein Feuer anzünden und Weib und Kind wärmen zu können.

Aber da dachte der Hirt, er wolle den Mann nicht ganz aus dem Gesicht verlieren, bevor er erfahren hätte, was dies alles bedeute. Er stand auf und ging ihm nach, bis er dorthin kam, wo der Fremde daheim war. Da sah der Hirt, daß der Mann nicht einmal eine Hütte hatte, um darin zu wohnen, sondern er hatte sein Weib und sein Kind in einer Berggrotte liegen, wo es nichts gab als nackte, kalte Steinwände.

Aber der Hirt dachte, daß das arme unschuldige

Kindlein vielleicht dort in der Grotte erfrieren würde, und obgleich er ein harter Mann war, wurde er davon doch ergriffen und beschloß, dem Kinde zu helfen. Und er löste sein Ränzel von der Schulter und nahm daraus ein weiches, weißes Schaffell hervor. Das gab er dem fremden Manne und sagte, er möge das Kind darauf betten.

Aber in demselben Augenblick, in dem er zeigte, daß auch er barmherzig sein konnte, wurden ihm die Augen geöffnet, und er sah, was er vorher nicht hatte sehen, und hörte, was er vorher nicht hatte hören können.

Er sah, daß rund um ihn ein dichter Kreis von kleinen, silberbeflügelten Englein stand. Und jedes von ihnen hielt ein Saitenspiel in der Hand, und alle sangen sie mit lauter Stimme, daß in dieser Nacht der Heiland geboren wäre, der die Welt von ihren Sünden erlösen solle.

Da begriff er, warum in dieser Nacht alle Dinge so froh waren, daß sie niemand etwas zuleide tun wollten. Und nicht nur rings um den Hirten waren Engel, sondern er sah sie überall. Sie saßen in der Grotte, und sie saßen auf dem Berge, und sie flogen unter dem Himmel. Sie kamen in großen Scharen über den Weg gegangen, und wie sie vorbeikamen, blieben sie stehen und warfen einen Blick auf das Kind.

Es herrschte eitel Jubel und Freude und Singen und Spiel, und das alles sah er in der dunklen Nacht, in der er früher nichts zu gewahren vermocht hatte. Und er wurde so froh, daß seine Augen geöffnet waren, daß er auf die Knie fiel und Gott dankte.«

Aber als Großmutter soweit gekommen war, seufzte sie und sagte: »Aber was der Hirte sah, das könnten wir auch sehen, denn die Engel fliegen in jeder Weihnachtsnacht unter dem Himmel, wenn wir sie nur zu gewahren vermögen.«

Und dann legte Großmutter ihre Hand auf meinen Kopf und sagte: »Dies sollst du dir merken, denn es ist so wahr, wie daß ich dich sehe und du mich siehst. Nicht auf Lichter und Lampen kommt es an, und es liegt nicht an Mond und Sonne, sondern was not tut, ist, daß wir Augen haben, die Gottes Herrlichkeit sehen können.«

Johannes von Hildesheim

DIE GABEN DER DREI KÖNIGE

Die Könige hatten viele kostbare Gaben und reichen Schmuck bei sich. Diese Schätze waren durch König Alexander von Makedonien nach Chaldäa, Indien und Persien gekommen; die Königin von Saba hatte sie später in den Tempel Salomos gebracht, und nach der Zerstörung Jerusalems waren die kostbaren Geräte aus dem Königsschloß und dem Tempel von den Chaldäern und Persern geraubt worden. Die

Könige brachten nun dieses alte Gold und Silber, diese Gemmen und Perlen und kostbaren Steine aus ihrem Lande nach Bethlehem; alles wollten sie dem Herrn schenken.

Sie fanden das Kind in solch großer Armut, wie die Hirten berichtet hatten. In der verfallenen Hütte erstrahlte das Licht des wunderbaren Sternes so leuchtend hell, daß sie alle wie im Feuer standen! Von alledem waren sie so verwirrt, daß sie aus ihren offenen Truhen *das* ergriffen, was ihnen gerade zur Hand kam: König Melchior gab Jesus dreißig goldene Pfennige und einen kleinen goldenen Apfel, den man mit der Hand umfassen konnte. König Balthasar schenkte ihm Weihrauch, König Caspar brachte – mit Tränen in den Augen – ein Gefäß mit Myrrhe. Ein ehrfürchtiger Schreck hatte sie ergriffen, sie erglühten in innigster Andacht, und von allem, was die heilige Maria sprach, beachteten sie nichts. Sie hörten nur, daß sie mit leicht gesenktem Haupte leise sagte: »Gott sei gedankt.«

Der goldene Apfel, den Melchior Jesus schenkte, hatte gleichfalls dem großen Alexander gehört. Der Apfel sollte die Welt bedeuten. Alexander hatte ihn aus kleinen Teilen des Zinses aller seiner Provinzen machen lassen und trug ihn immer bei sich. Er umschloß ihn mit seiner Hand, wie er mit seiner Macht die Welt umschloß. Als er aus dem irdischen Paradiese zurückkam, hatte er den Apfel in Indien gelassen.

Die Bedeutung der Gaben der drei Könige erklären die Lehrer in vielen Büchern auf verschiedene Weise; warum König Melchior Jesus den Apfel schenkte, darüber gibt es nur eine Meinung: Die Rundung des

Apfels bedeutet die Unendlichkeit, denn die Kugel ist ohne Anfang und ohne Ende. Die Kugel ist Sinnbild der Sphäre, des Weltalls, und zugleich Sinnbild der Macht Gottes, welche die Höhe des Himmels, die Tiefe der Hölle und die Grenzen der Welt umschließt. In ihrer Beweglichkeit und Veränderlichkeit ist die Kugel auch ein Sinnbild der Reue der Sünder. Als nun der christliche Glaube erstarkte und wuchs, wurde es – zuerst im Orient – Gebrauch und Sitte, daß Kaiser und Könige als Zeichen ihres Herrschertums goldene Äpfel in der Hand trugen.

Bei den verschiedenen Erklärungen der Gaben der Könige heißt es auch, das Gold solle Maria und dem Kinde aus der Not helfen, der Weihrauch sei gegen die schlechte Luft im Stall, und die Myrrhe solle die Würmer von dem Kinde fernhalten.

Man muß ferner wissen, daß es beim Einzug eines Sultans oder Königs in eine Stadt oder ein Dorf im Orient Sitte ist, vor den Häusern Weihrauch oder Myrrhe anzuzünden. Wer das nicht tut, wird als Rebell angesehen und bestraft, denn dies Rauchopfer bedeutet bis zum heutigen Tage Unterwerfung und Gehorsam gegenüber Gott, den Götterbildern und dem Könige. Daher waren von jeher die Märtyrer eher zu bewegen, die Bilder der Götter anzubeten, als vor ihnen Weihrauch anzuzünden, und die Sarazenen verlangten von den übergetretenen Christen als Beweis ihrer Aufrichtigkeit vor allem das Opfer des Weihrauchs.

Barbara Robinson

HILFE, DIE HERDMANNS KOMMEN!

Normalerweise machte die erste Probe des Krippenspiels nicht mehr und nicht weniger Spaß als eine dreistündige Fahrt im Schulbus und war mit ebensoviel Lärm und Gedränge verbunden. Diese Probe lief anders.

Alle waren ruhig und setzten sich gleich hin, weil sie Angst hatten, es könnte ihnen sonst vielleicht entgehen, was die Herdmanns Schreckliches anstellen würden.

Sie kamen zehn Minuten zu spät und schlenderten in den Raum wie eine Bande Geächteter, die vorhat, einen Saloon leerzuschießen ...

Mutter sagte: »Hier kommt Familie Herdmann. Wir freuen uns, euch alle hier zu sehen.« (Das war sicher die dickste Lüge, die je in einer Kirche laut ausgesprochen wurde.)

Eugenia lächelte – das Herdmänner-Lächeln, wie wir es nannten, dreckig und gemein –, und dann saßen sie, fast Kriminelle in unseren Augen, und die sollten nun das Edelste und Schönste darstellen, das es gab. Kein Wunder, daß alle aufgeregt waren.

Mutter fing an, die Kinder in Hirten und Engel und Herbergsgäste einzuteilen, und schon gab es die ersten Schwierigkeiten.

»Wer waren denn die Hirten?« wollte Leopold Herdmann wissen. »Wo kamen die her?«

Olli Herdmann wußte nicht einmal, was Hirten sind.

»Was ist eigentlich eine Herberge?« fragte Klaus.

»So was Ähnliches wie ein Hotel«, erklärte ihm jemand. »Wo Leute übernachten können.«

»Was für Leute?« fragte Klaus. »Jesus?«

»Nicht zu fassen!« murmelte Alice Wendlaken. »Jesus war noch gar nicht geboren. Maria und Josef gingen dorthin.«

»Warum?« fragte Ralf.

»Wie ging's los?« schrie Eugenia meiner Mutter zu. »Fangen Sie doch am Anfang an!«

Das jagte mir einen Schrecken ein, denn der Anfang war das Buch Mose, wo es heißt: »Am Anfang schuf Gott . . .«, und wenn wir mit dem Buch Mose beginnen würden, kämen wir nie durch.

Die Sache war eben die, daß die Herdmanns nicht das geringste von der Weihnachtsgeschichte wußten. Sie wußten gerade noch, daß Weihnachten der Geburtstag Jesu war, aber alles andere war neu für sie: die Hirten, die Weisen aus dem Morgenland, der Stern, der Stall und die überfüllte Herberge.

Es war schwer zu glauben. Jedenfalls war es das für mich. Alice Wendlaken fiel es nicht schwer. »Wie sollen die etwas von der Weihnachtsgeschichte wissen?« sagte sie. »Sie wissen nicht mal, was eine Bibel ist. Schau dir an, was Hedwig vorige Woche mit dieser Bibel gemacht hat!«

Während Eugenia das Geld aus dem Kollektenteller geklaut hatte, hatten Hedwig und Olli die Propheten in der illustrierten Kinderbibel mit Bärten und Schwänzen verziert.

»Sie waren noch nie in ihrem Leben in der Kirche, bis dein kleiner Bruder ihnen weisgemacht hat, daß wir dort Süßigkeiten bekommen«, sagte Alice. »Woher sollen die also die Weihnachtsgeschichte kennen?«

Sie hatte recht. Natürlich könnten sie etwas darüber gelesen haben. Aber sie lasen nie etwas anderes als Comics. Sicher hätten sie auch im Fernsehen etwas darüber erfahren können. Aber Ralf hatte ihren Fernseher für 65 Cents auf einem Flohmarkt gekauft, und man konnte nur etwas sehen, wenn einer die Antenne festhielt. Und selbst dann nicht sehr viel ...

Jedenfalls hatten sie keine Ahnung. Und Mutter sagte, es sei wohl das beste, zuerst einmal die Weihnachtsgeschichte aus der Bibel vorzulesen ... Unter anderem waren die Herdmanns dafür berüchtigt, niemals stillzusitzen und niemals irgend jemandem zuzuhören, weder Lehrern noch Eltern (den eigenen oder anderen), noch dem Schulrat oder der Polizei – und jetzt saßen sie da, hingen an den Lippen meiner Mutter und sogen jedes Wort in sich ein.

»Was ist das?« fragten sie immer, wenn sie einen Ausdruck nicht verstanden. Als Mutter vorlas, daß kein Platz in der Herberge war, fiel Eugenia das Kinn herunter, und sie sprang auf.

»Verdammt!« sagte sie. »Nicht mal für Jesus?«

»Na ja, also ...« erklärte Mutter. »Niemand wußte, daß das Baby Jesus sein würde.«

»Sie haben gesagt, Maria wußte es«, sagte Ralf. »Warum hat sie es denen nicht gesagt?«

»Ich hätt's ihnen gesagt«, rief Eugenia dazwischen. »Mann, denen hätt ich's vielleicht gesagt! Was war denn mit Josef los, warum hat der's nicht gesagt? Daß sie schwanger war und das alles.«

»Wie hieß das, wo sie das Baby reingelegt haben?« fragte Leopold. »Diese Krippe ... ist das so 'ne Art Bett? Warum hatten die denn ein Bett im Stall?«

»Das ist es ja gerade«, sagte Mutter. »Sie hatten eben kein Bett im Stall. Also mußten Maria und Josef das nehmen, was sie dort vorfanden. Was würdest du denn tun, wenn du ein kleines Baby hättest und kein Bett, um es hineinzulegen?«

»Wir haben Hedwig in eine Schreibtischschublade gelegt«, erklärte Eugenia.

»Siehst du«, sagte Mutter und zuckte ein bißchen zusammen. »Ihr habt kein Bett für Hedwig gehabt und habt deswegen auch etwas anderes nehmen müssen.«

»Och, wir hatten schon eins«, sagte Ralf. »Aber Olli war noch drin und wollte nicht raus. Er mochte Hedwig nicht.«

»Wie dem auch sei«, sagte Mutter, »Maria und Josef nahmen die Krippe. Eine Krippe ist ein hölzerner Futtertrog für Tiere.«

»Was waren denn die Bindeln?« wollte Klaus wissen.

»Die was?« fragte Mutter.

»Sie haben es doch vorgelesen: Sie wickelte ihn in Bindeln.«

»Windeln«, seufzte Mutter. »Früher hat man die Babys fest in große Tücher eingewickelt, so daß sie nicht herumstrampeln konnten ...«

»Sie meinen, sie banden es zusammen und steckten es in eine Futterkiste?« sagte Eugenia. »Wo blieb denn da die Jugendfürsorge?«

Die Jugendfürsorge kümmerte sich immer um die Herdmanns. Ich wette, wenn die von der Jugendfürsorge jemals Hedwig zusammengebunden in einer Büroschublade gefunden hätten, so hätten sie bestimmt etwas dagegen unternommen!

»Und siehe, des Herrn Engel trat zu ihnen«, fuhr Mutter fort, »und die Klarheit des Herrn leuchtete um sie, und . . .«

»Batmann!« schrie Hedwig, warf die Arme auseinander und ohrfeigte das Kind neben ihr.

»Wie bitte?« fragte Mutter. Mutter las nie Comic-Hefte.

»Aus dem Dunkel der Nacht erschien Batmann, der Rächer der Entrechteten . . .«

»Ich weiß nicht, wovon du sprichst, Hedwig«, sagte Mutter.

»Das ist der Engel des Herrn, der zu den Hirten auf dem Feld kommt.«

»Aus dem Nichts?« fragte Hedwig. »Aus dem geheimnisvollen Dunkel der Nacht, ja?«

»Na ja.« Mutter sah etwas unglücklich aus. »Gewissermaßen.«

Hedwig setzte sich wieder hin und sah sehr zufrieden aus. So, als ob das endlich ein Teil der Weihnachtsgeschichte wäre, den sie verstand.

»Da Jesus geboren war zu Bethlehem im jüdischen Land«, las Mutter weiter, »kamen die Weisen vom Morgenlande gen Jerusalem und sprachen . . .«

»Was bedeutet Weisen?« wollte Olli wissen. »Waren sie so was wie Lehrer?«

»Nein, du Quatschkopf«, sagte Klaus. »Das ist so

was Ähnliches wie der Präsident der Vereinigten Staaten.«

Mutter sah ihn überrascht und beinahe beglückt an, so wie sie geschaut hatte, als Charlie endlich das Einmaleins mit fünf auswendig konnte. »Du bist schon ganz nahe dran, Klaus«, sagte sie. »Tatsächlich waren es Könige.«

»Jetzt aber weiter«, meuterte Eugenia. »Wahrscheinlich werden die Könige dem Wirt gründlich die Meinung sagen und das Kind aus dem Trog holen.«

»Sie fanden das Kindlein mit Maria, seiner Mutter, und fielen nieder und beteten es an und taten ihre Schätze auf und schenkten ihm Gold, Weihrauch und Myrrhe.«

»Was ist das für ein Zeug?« wollte Leopold wissen.

»Kostbare Öle«, sagte Mutter, »und wohlriechende Harze.«

»Öl!« schrie Eugenia. »Was für ein schäbiger König bringt denn Öl als Geschenk mit! Da kriegt man ja bei der Feuerwehr bessere Geschenke.«

Manchmal bekamen die Herdmanns Weihnachtsgeschenke auf dem Feuerwehrfest. Gewöhnlich bekam Eugenia Strickzeug und Puzzle-Spiele, die sie überhaupt nicht mochte. Aber ich glaube, sie fand das immer noch besser als Öl.

Dann kamen wir zu König Herodes, und die Herdmanns hatten auch von ihm noch nie etwas gehört. Deshalb mußte Mutter erklären, daß es Herodes war, der die drei Weisen ausgeschickt hatte, um das Baby Jesus zu suchen.

»Hat der die mickrigen Geschenke mitgeschickt?«

fragte Ollie. Mutter sagte, es sei noch viel schlimmer. Er habe den Plan gehabt, Jesus umzubringen.

»Verdammt«, sagte Eugenia. »Gerade geboren, und schon wollen sie ihn umlegen.«

Die Herdmanns wollten alles über Herodes wissen. Wie er aussah, wie reich er war und ob er irgendwelche Kriege geführt hatte. Sie interessierten sich wirklich stark für Herodes, und ich nahm an, daß sie ihn mochten. Er war so gemein, daß er direkt ihr Vorfahre hätte sein können: Herodes Herdmann. Aber ich täuschte mich.

»Wer spielt denn den Herodes in dem Stück?« fragte Leopold.

»Der Herodes kommt in unserem Krippenspiel nicht vor«, sagte Mutter.

Das machte alle Herdmanns wütend. Sie wollten, daß jemand Herodes wäre, damit sie ihn verprügeln könnten.

Ich konnte die Herdmanns nicht verstehen. Man hätte denken können, die Weihnachtsgeschichte käme direkt aus den Polizeiakten des FBI, so gingen sie mit. Sie wünschten dem Herodes ein blutiges Ende, sorgten sich um Maria, die ihr Baby in einen Futtertrog legen mußte, und nannten die Heiligen Drei Könige eine Bande schmutziger Spione.

Und als sie die erste Probe verließen, diskutierten sie darüber, ob Josef die Herberge hätte anzünden oder ob er nur den Gastwirt über die Grenze hätte jagen sollen.

(Aus dem Amerikanischen: Nele und Paul Maar)

33

Walter Benjamin

EIN WEIHNACHTSENGEL

Mit den Tannenbäumen begann es. Eines Morgens, als wir zur Schule gingen, hafteten an den Straßenecken die grünen Siegel, die die Stadt wie ein großes Weihnachtspaket an hundert Ecken und Kanten zu sichern schienen. Dann barst sie eines schönen Tages dennoch, und Spielzeug, Nüsse, Stroh und Baumschmuck quollen aus ihrem Innern: der Weihnachtsmarkt. Mit ihnen aber quoll noch etwas anderes hervor: die Armut. Wie nämlich Äpfel und Nüsse mit ein wenig Schaumgold neben dem Marzipan sich auf dem Weihnachtsteller zeigen durften, so auch die armen Leute mit Lametta und bunten Kerzen in den besseren Vierteln. Die Reichen aber schickten ihre Kinder vor, um denen der Armen wollene Schäfchen abzukaufen oder Almosen auszuteilen, die sie selbst vor Scham nicht über ihre Hände brachten. Inzwischen stand bereits auf der Veranda der Baum, den meine Mutter insgeheim gekauft und über die Hintertreppe in die Wohnung hatte bringen lassen. Und wunderbarer als alles, was das Kerzenlicht ihm gab, war, wie das nahe Fest in seine Zweige mit jedem Tage dichter sich verspann. In den Höfen begannen die Leierkasten die letzte Frist mit Chorälen zu dehnen. Endlich war sie dennoch verstrichen und einer jener Tage wieder da, an deren frühesten ich mich hier erinnere.

In meinem Zimmer wartete ich, bis es sechs werden wollte. Kein Fest des späteren Lebens kennt diese Stunde, die wie ein Pfeil im Herzen des Tages zittert. Es war schon dunkel; trotzdem entzündete ich nicht die Lampe, um den Blick nicht von den Fenstern überm Hof zu wenden, hinter denen nun die ersten Kerzen zu sehen waren. Es war von allen Augenblikken, die das Dasein des Weihnachtsbaumes hat, der bänglichste, in dem er Nadeln und Geäst dem Dunkel opfert, um nichts zu sein als nur ein unnahbares und doch nahes Sternbild im trüben Fenster einer Hinterwohnung. Doch wie ein solches Sternbild hin und wieder eins der verlassenen Fenster begnadete, indessen viele weiter dunkel blieben und andere noch trauriger im Gaslicht der frühen Abende verkümmerten, schien mir, daß diese weihnachtlichen Fenster die Einsamkeit, das Alter und das Darben – all das, wovon die armen Leute schwiegen – in sich faßten.

Dann fiel mir wieder die Bescherung ein, die meine Eltern eben rüsteten. Kaum aber hatte ich so schweren Herzens, wie nur die Nähe eines sichern Glücks es macht, mich von dem Fenster abgewandt, so spürte ich eine fremde Gegenwart im Raum. Es war nichts als ein Wind, so daß die Worte, die sich auf meinen Lippen bildeten, wie Falten waren, die ein träges Segel plötzlich vor einer frischen Brise wirft: »Alle Jahre wieder, kommt das Christuskind, auf die Erde nieder, wo wir Menschen sind« – mit diesen Worten hatte sich der Engel, der in ihnen begonnen hatte, sich zu bilden, auch verflüchtigt. Doch nicht mehr lange blieb ich im leeren Zimmer. Man rief mich in das gegenüberliegende, in dem der Baum nun in die Glorie eingegangen war, welche ihn mir entfremdete, bis er, des Untersatzes beraubt, im Schnee verschüttet oder im Regen glänzend, das Fest da endete, wo es ein Leierkasten begonnen hatte.

Hans Bender

DIE HERBERGE

Rechts vom Pult, zwei und zwei hintereinander, saßen die Buben, links die Mädchen der ersten Klasse. Ich saß in der letzten Bank neben Edwin, den ich beneidete, weil er eine Federbüchse aus Amerika hatte.

Der Ofen glühte. Die Schritte und Räder vor den Fenstern dämpfte frisch gefallener Schnee. Es war vor Weihnachten. Lehrer Kuhn erzählte die Geschichte der Herbergssuche in Bethlehem. In der Bibel stand nur ein Satz darüber, aber was machte Lehrer Kuhn daraus!

Er setzte sich mit gekreuzten Beinen auf das Pult, nahm die Pfeife aus den Zähnen und begann: Ja, damals kamen Maria und Josef auch durch unser Dorf. Es war schon dunkel, als sie die Straße von Eichtersheim herzogen. Maria saß auf einem Esel, Josef ging voraus und suchte mit Stock und Laterne den Weg. Maria sagte: »Ich habe Hunger und bin sehr müde.« Josef sagte: »In der ersten Gastwirtschaft werden wir übernachten.«

Vor dem Gasthaus »Zum Adler« band Josef den Esel ans Treppengeländer, klopfte die Stiefel an der untersten Stufe ab und ging hinein. Babette – ihr kennt sie alle! – stand hinter der Theke und schwenkte die Gläser. Josef fragte: »Haben Sie ein Zimmer für zwei Personen? Nicht zu teuer?« Babette war an diesem Tag mit dem linken Fuß aufgestanden. Sie sagte kurz: »Wir haben eins, aber das ist schon belegt. Leider.«

Josef nahm den Esel am Halfter und zog ein paar Häuser weiter vor das Gasthaus »Zum Lamm«. Erschrocken blieb er unter der Türe stehen, denn an den Tischen saßen vornehme Herren mit weißen Kragen und weißen Manschetten. Das waren die Geometer, die das neue Bachbett vermessen sollten. Der Lammwirt sah Josef unter der Türe stehen und ging rasch zu ihm hin, weil er nicht wünschte, daß die Herren gestört würden.

»Nein, mein Lieber, es geht nicht. Bei mir nicht. Aber frag doch in der ›Sonne‹ nach, die haben ein Extrazimmer für Handwerksburschen! Vielleicht kannst du da –.« Das mit dem Extrazimmer sagte er so laut, daß es die Geometer hören konnten.

Der Sonnenwirt und die Sonnenwirtin waren freundlich zu Josef. Sie sagten beide fast gleichzeitig: »Aber beim besten Willen, es geht nicht! – Das Handwerksburschenzimmer ist schon voll. Dann ist unser Ältester in Ferien da, er studiert in Freiburg Theologie, sonst hätten wir recht gern sein Zimmer zur Verfügung gestellt.«

»Danke«, sagte Josef. »Gute Nacht, gute Reise!« sagten der Sonnenwirt und die Sonnenwirtin.

Auch im nächsten Gasthaus, in der »Reichspost«, hatten Maria und Josef kein Glück. Die Lichter waren schon gelöscht, und als Josef mit dem Knotenstock gegen das Tor schlug, fuhr der Kopf des Wirtes oben aus dem Fenster. »Was ist los? Ist das eine Manier?«

»Haben Sie ein Zimmer für meine Frau und mich? Meine Frau ist krank!« rief Josef hinauf. »Schert euch fort!« schrie der Wirt. »Ich vermiete meine Zimmer nicht an Vagabunden!« Klirrend schlug das Fenster zu.

Josef war traurig. Maria nahm den Schal über den Kopf und sagte: »Vielleicht gibt es noch ein Gasthaus im Dorf.«

Lehrer Kuhn sah zu mir. Alle Buben und Mädchen drehten die Gesichter zu mir. Sie wußten nämlich, das letzte Gasthaus, bevor das Dorf zu Ende war, war der Gasthof meiner Eltern, der »Badische Hof«.

Mir schoß das Blut in die Stirne, und ich wußte nicht, wohin ich blicken sollte. »Na, Hansel«, fragte Lehrer Kuhn, »was hättest du gemacht, wenn Josef bei euch um eine Herberge gebeten hätte?«

Ich stand auf und stotterte hervor: »Oh, Herr Lehrer ... ich ... ich, ich hätte sie bestimmt aufgenommen.«

Die Wirkung der Erzählung war tief. Wir schworen den unfreundlichen Gastwirten, die Maria und Josef abgewiesen hatten, Rache. Die Fensterscheiben wollten wir einwerfen, dem Lammwirt, wenn er am Sonntag

zum Hochamt ging, einen Knallfrosch am Rockschoß
entzünden.

Zwei, drei Jahre waren seitdem vergangen. Heiligabend war zu feiern. Wir, meine Geschwister und ich,
warteten in der Gaststube auf die Bescherung. Erst
mußten die Gäste gehen, die lästigen, die nicht mal den
Heiligen Abend zu Hause verbringen wollten. Am
Stammtisch saßen sie und bestellten noch einen Wein,
noch ein Bier, noch einen Schnaps.

Endlich wurde auch mein Vater ungeduldig und
sagte: »Schluß! Feierabend! Geht jetzt. Wenigstens an
diesem Abend wollen wir unter uns sein.«

Nacheinander zahlten sie und gingen.

Hinter dem letzten Gast wollte mein Vater den Rie-
gel vorschieben, als auf der Straße ein Auto anhielt. Ein
Mann und eine Frau kamen die Staffel herauf und redeten auf meinem Vater ein.

Eigentlich wollten sie noch bis Heilbronn fahren,
sagte der Mann. Aber die Straße sei spiegelglatt, und
seiner Frau gehe es nicht gut. Hoffentlich habe sie kein
Fieber . . .

»Es ist Heiligabend«, sagte mein Vater. »Die Kinder
warten auf die Bescherung.«

Vielleicht wären sie doch noch weitergefahren, aber
mein Vater ließ sie eintreten und sagte: »Gut, es wird
sich machen lassen. Heute sind alle Zimmer frei.«

Ich, der alles mit angehört hatte, war wütend. Neue
Gäste machten Arbeit. Wahrscheinlich wollten sie
auch noch essen. Das Zimmer mußte geheizt werden.
Und wieder waren wir nicht allein.

Ich ging weg, hinauf in den zweiten Stock, in mein

Zimmer. Ich drehte innen den Schlüssel um, warf mich aufs Bett und heulte leis und laut ins Kopfkissen, und noch lauter, als meine Mutter an die Tür klopfte und sagte, ich solle aufschließen und herunterkommen zur Bescherung. Ich gab keine Antwort.

Später hörte ich die Schritte meines Vaters draußen im Flur kommen. Als er an die Tür klopfte, stand ich rasch auf. Vor meinem Vater hatte ich Angst.

Er jedoch war ruhig, und seine Stimme klang sanfter als sonst. Er legte mir die Hand auf den Kopf, der noch vom Schluchzen gestoßen wurde, und fragte: »Du kennst doch die Geschichte von Bethlehem? Von Josef und Maria, als sie nach einer Herberge suchten und alle Gastwirte sie abwiesen?«

O ja, ich kannte die Geschichte und schämte mich, jetzt daran erinnert zu werden.

Als ich in die Gaststube kam, saß mein Bruder Hugo am Klavier und spielte »Stille Nacht, heilige Nacht«. Die Kerzen am Baum brannten schon, und die Tannenzweige dufteten wie immer.

Die Fremden saßen an einem der Tische vor den Fenstern. Sie legten die Messer und Gabeln neben die Teller, sahen zu uns herüber und sangen mit.

Ein schöner Weihnachtsabend wurde es noch. Ich bekam einen Anker-Steinbaukasten, zum dritten und letzten Mal, den »Robinson Crusoe«, einen ärmellosen Sweater und eine Pelzmütze mit Ohrenklappen. Wertvoller war jedoch die Erkenntnis, die mir gleichfalls damals geschenkt wurde: Wie schwer es ist, das Gute, von dem man gehört hat, auch zu tun.

Herbert Tjadens

KÄPT'N JOHNS
WEIHNACHTSGARN

John ist mein Schwager. Mit Recht nennen wir ihn unseren Weihnachtsonkel. Aber er ist alles eher als ein Weihnachtsmann. Kapuze und Wattebart würde er befremdet von sich weisen. Doch niemand hat ihm je so etwas zugemutet. Wer ihn kennt, der begreift das. Also stelle ich ihn zuerst einmal vor. Ein Mann von beachtlichen Körpermaßen, dies hoch hinauf und auch rundherum, imponiert er nicht nur mit seiner äußeren Erscheinung, sondern mehr noch durch die unerschütterliche Souveränität, die er ausstrahlt. Sie wird von keinerlei Anhang beeinträchtigt, denn Onkel John ist Junggeselle und tritt nur mit seiner Person auf den Plan.

Als Kapitän bei der Handelsmarine umkreist er den Globus so unentwegt wie der Zeiger das Zifferblatt. Von seinen Erlebnissen berichtet er gern, mit verblüffendem Aufwand an Mimik und Gebärde. Er tut es auf unterhaltsame Art, das heißt: Er folgt keinem Plan, bohrt nicht in die Tiefe, bedient sich einer einfachen Sprache und überläßt sich unbekümmert seinen Einfällen. Mit ihnen spielt er sogar, ob das Sinn hat oder nicht, ob lustig, launig oder komisch. Weder strengt er sich dabei an noch uns, seine Zuhörer.

Was die Umstände betrifft, die Atmosphäre, die Stimmung, so bleibt Onkel John fest am Kurs, beim Thema, beim Weihnachtsfest.

Er ist Seemann und somit ein atmosphärischer Mensch.

Wenn es die Seefahrt erlaubt, ist John zu Weihnachten unser Gast. Durch ihn bekommt dann das Fest die besondere Note. Es schwingt ins Weltweite hinaus, ins Globale, von dem Onkel John umwittert ist. In den Duft der Tanne, der Wachslichter, des Punsches und der Süßigkeiten mischt sich alsdann das Aroma exotischer Länder. Klangvolle Namen dringen an unser Ohr.

In meiner Erinnerung sind die mit Onkel John verlebten Weihnachtsfeste zu einem einzigen zusammengeschlossen. Verständlich, denn das Zeremoniell des Heiligabends ist bei uns von Jahr zu Jahr das gleiche, wie in anderen Familien wohl auch.

Nach der Bescherung, der ein kleines, aber festliches Essen folgt, sitzen wir bei Punsch und Gebäck um den runden Tisch – linksum der Reihe nach Onkel John, mein Ältester, die Hausfrau, der Jüngste, seine ältere Schwester und ich wieder neben Onkel John.

Ja, da sitzt er, der Weltweit-Globale, vorgebeugt, die Arme breit auf den Tisch gestemmt, die Hände übereinandergelegt. Er blinzelt in die Runde.

»He! Könnt ihr euch einen Ort vorstellen rund um den Globus, an dem man nicht einem Christenmenschen begegnen könnte?!« Wir konnten es nicht.

»Einen Ort, an dem nicht der Heiligabend gefeiert werden könnte?!« Wir konnten es ebensowenig. Die Fragen hingen ja zusammen.

»Nein«, sagte Onkel John, »den Ort kann man sich tatsächlich nicht vorstellen!«

Er hatte unseren Lichterbaum im Auge und im inneren Blick wohl auch die Weite der Welt, die ihn so massig und prächtig machte, so großartig in jeder Bewegung. Wie preisend hob er die Arme. »Im ewigen Eis – Arktis oder Antarktis – unter der Äquatorsonne – Afrika, Karibische See oder Sunda-Inseln – in den gemäßigten Zonen – die Savannen in Nord- und die Pampas in Südamerika – die Steppen Asiens – die Wüsten Australiens – und bald vielleicht auch der Mond – überall könnte sich ein Christenmensch aufhalten und der Heiligabend gefeiert werden.«

»Aber«, er drehte sich wie ein Panzerturm zu mir hin, »woher nimmt der christliche Eskimo seinen Weihnachtsbaum!?«

»Vom Händler – nehme ich an.«

»Und der Händler!? Woher nimmt ihn der!?«

»Vom Schiff, das aus Dänemark kommt.«

»Und wenn es nicht kommt!?«

»Dann macht er sich einen – aus einem Besenstiel.«

»So glaubst du denn, Felix, daß man das ewige Eis mit dem Besen kehrt!?«

Meine Frau lachte. »Sag's uns schon, John! Woher nimmt der Eskimo seinen Weihnachtsbaum?«

»Er hat keinen – wenn das Schiff nicht kommt.«

Wir waren verblüfft. Aber Onkel John sprach schon wieder zu mir.

»Und im Hoggar!? Mitten in der Wüste Sahara!? Gibt es da einen Weihnachtsbaum!?«

»Nein«, sage ich und bin meiner Sache sicher.

»Und ihr!?« Onkel John schaut in die Runde. Keiner glaubt, daß es mitten in der Wüste Sahara einen Weihnachtsbaum gibt. Onkel John stemmt die Arme wieder breit auf den Tisch.

»Dann will ich euch einmal etwas erzählen. Ich habe eine Freund, der war mit Kamelen auf Expedition – im Hoggar – Deutsche und Franzosen. Es war Heiligabend – und drei Familienväter waren dabei. Die dachten an ihre Frauen und Kinder, und sie feierten den Heiligabend. Wenn ihr aber glaubt, ohne Weihnachtsbaum, dann irrt die Familie. Sie hatten einen – keine Tanne, keine Fichte, aber eine kleine Sykomore. Das Hoggar ist ja ein Gebirge und nicht eine sandige Wüste. Die Sykomore pflanzten sie mitten ins Lager. Und steckten Lichter dran. Und zündeten sie an. Und damit war die Sykomore ein Weihnachtsbaum. Und die Männer saßen drumherum. Und ob ihr's glaubt oder nicht – mein Freund ist zuverlässig –, sie sangen Weihnachtslieder. Und darüber stand der Äquatorhimmel mit seinen Sternen. Was aber das schönste war an der Sache: Ihre Führer durch das Gebirge, die Tuareg, hielten sie allesamt für verrückt. Nicht weil sie sangen. Das taten sie hin und wieder. Weil sie das Lagerfeuer gelöscht hatten und diese komische Sache mit dem Baum machten. Ein Christbaum mitten in der Wüste Sahara!«

Und wieder zu mir: »Du glaubst doch nicht, Felix, daß es in Shanghai einen Weihnachtsbaum gäbe?«

»Doch«, sagte ich und war gespannt auf Johns Gesicht.

Er war verdutzt und rieb sich die Backe.

»Und woher will der weise Mann das wissen?«

»Ich vermute es.«

Wieder einmal drehte sich John um die halbe Windrose.

»Habt ihr's gehört? Er vermutet es! Aber mit recht! Es gab einen. In einer Hafenkneipe. Der Wirt war ein Deutscher, und der Baum genauso wie der da. Eine Fichte. Kerzen, Lametta und all das Zeug. Von den Schiffen waren eine Menge Leute gekommen, mehr als sonst. Die Sache mit dem Weihnachtsbaum hatte sich herumgesprochen. Alle wollten ihn sehen. Auch Farbige waren dabei, Mohammedaner. Vor der Tür standen die Chinesen – schauten durch den Glasperlenvorhang und werden sich gewundert haben: doppelt soviel Gäste und halb soviel Krach. Das machte der Weihnachtsbaum. Sagt mir der Wirt: Mein Nachbar, ein Schneider, natürlich Chinese, wollte wissen, was das Ding bedeutet. Und ich: Haben Sie es ihm gesagt? – Ne! – Warum nicht? – Weil ich's selber nicht weiß.«

Wir lachten.

»Ihr wißt es natürlich«, meinte John. – Wußten wir es? – Ja, die Mutter: »Ein Reis in der Winternacht. Das Licht der Erlösung.«

»Und du, Felix?«

»Hat es nicht etwas zu tun mit der Wintersonnenwende?«

»Das will ich meinen«, sagte John. »Etwas Altheidnisches!«

Ich stand auf: »Wofür haben wir den Brockhaus!?«

Der Brockhaus enttäuschte uns: Seit dem 17. Jahrhundert kamen auch die mit Lichtern und Gaben geschmückten Christbäume auf. – Ein einziger Satz – mehr nicht. Meine Frau lächelte. »Glaubst denn du,

John, es habe im 17. Jahrhundert bei uns noch alte Heiden gegeben?«

John, nicht verlegen, warf das Steuer herum. Er hob den Finger. »Und glaubst denn du, Anna, wir hätten damals in Manila auch nur ›so viel‹ von einem Weihnachtsbaum auftreiben können?« Er schnippte mit dem Finger. Die Augen unseres Ältesten leuchteten auf. Hört ein zehnjähriger Junge das Wort Manila – oder Nukahiva, Guatemala, Valparaiso –, dann wirft das Abenteuer schon seinen Glanz voraus, so wie die aufgehende Sonne das tut mit der Morgenröte. Er rückte an Onkel John heran.

»Wie war es denn – damals – in Manila?«

»Komisch war's. Und auch wieder nicht. Wenn man's richtig bedenkt, war es überhaupt nicht komisch. Großartig war's. Ich werde das nie vergessen.«

John beäugte kritisch sein leeres Glas. Meine Frau goß ihm ein: »Erzähle, John.«

»In Manila habe ich die kürzeste Weihnachtsansprache meines Lebens gehört. Neun Worte. So glaubte ich zuerst. Aber genaugenommen waren es zwölf. Ein Dutzend.«

Onkel John schlürfte bedächtig den heißen Punsch.

»Du machst uns neugierig, John.«

Er ließ sich Zeit mit seinem Punsch. Nun endlich.

»Ich war damals Erster auf der ›Lore Larssen‹ – 10 000 Tonnen – braves Schiff. Wir hatten in Cebu Kopra geladen. Cebu ist eine Insel der Philippinen, und Kopra sind zerhauene Kokosnüsse, die die Eingeborenen an der Sonne trocknen. Wir steuerten Manila an. Um zehn Uhr früh fuhren wir in die Bucht. Die See wie

Öl. Der Tag heiß. Es tropfte nur so aus den Poren. Unser Käpt'n der schweigsamste Mann, der mir je begegnet ist. Er fuhr zum erstenmal als Commander. Es war der 24. Dezember.

Käpt'n, sagte ich, wir sollten Heiligabend feiern. – Er nickte. – Die Messe ein bißchen schmücken. Ein kleines Festessen. Schlage vor, für jeden ein Hähnchen. Die sind drüben billig. Und später ein Glas Wein. – Er nickt. – Käpt'n, Sie sollten ein paar Worte sprechen. So am Schluß des Essens. – Gut, sagt er, und die Sache war erledigt.

Wir schickten einen reitenden Boten an Land. Sollte sich nach einem Weihnachtsbaum umsehen. Nichts von einem Baum. Aber wir hatten eine hübsche Tafel gemacht. Eine lange Reihe Kerzen mitten über den Tisch. Alle Mann in Schale, piekfein. Eine solide Mannschaft. Wäre mancher gerne zu Hause gewesen.

Wir verspeisen also unsere Hähnchen. Zum Nachtisch gibt's frische Ananas mit Schlagsahne. Es kommt der Wein. Die eigentliche Feier konnte beginnen – der Festakt, die Ansprache. Der Wein ist im Glas. Er wartet. Und wir warten auch. Es kommt ja eine Ansprache!

Der Alte schaut auf mich. Ich nicke, was besagen sollte:

Jawohl, jetzt ist's Zeit! Der Alte steht auf. Er schiebt sein Glas ein bißchen auf dem Tischtuch hin und her, schnauft kurz durch die Nase und sagt: Aufstehen! – Dem Wort nach war das ein Kommando. Aber dem Ton nach war es das nicht. Da klang es so, als hätte er gesagt: Ihr Lieben, bitte erhebt euch!

Wir standen. Und schauten auf unseren Käpt'n. Er hob das Glas. – Laßt uns trinken! – so sagte er. Aber es klang so, als hätte er gesagt: Laßt uns beten! – Und dann sagte er: Auf unseren Herrgott! Auf seinen Geburtstag! – Und dann trank er einen Schluck. Und auch wir tranken einen Schluck.

Komische Einleitung, dachte ich bei mir. Fängt mit dem Toast an. – Aber es war schon die ganze Rede. Neun Worte, wenn ihr gut aufgepaßt habt.

Der Alte saß schon wieder. Und wir setzten uns auch. Wir schauten auf unsere Gläser und sagten nichts.

Der Alte wendet sich rechts zum Maschinisten und links zu mir: Wie wär's mit einem Skat? – Gut, sage ich, so, als wär' ich der Käpt'n. Und jetzt sagt der Alte etwas, das eigentlich zur Ansprache gehört und der beste Teil davon war. Er sagte: Ohne Streit heute! – Das waren zwar auch nur drei Worte. Aber sie hatten es in sich: Frieden! Frieden auf Erden! Auch bei einem Dauerskat!«

Rudolf Otto Wiemer

DIE REISE NACH BETHLEHEM

B redelem heißt unser Ort. Er kann nichts dafür, daß er so heißt, auch wenn es mitunter aussieht, als wollten die Leute uns deshalb verspotten. »Machen wir mal eine Reise nach Bethlehem!« sagen sie. Ein Spaß, nichts weiter, aber damals, als die Geschichte mit Mausche Grendel passierte, mußte man vorsichtig sein mit Späßen. Lehrer Fricke jedenfalls wurde stets giftig und sagte, wir sollten es nicht dulden, wenn jemand unserem Ort etwas anhängen will.

Wir nickten, weil wir immer nickten bei Lehrer Fricke; sonst hatten wir nichts gegen Bethlehem. Es war uns auch gleich, worüber die Erwachsenen Späße machten. Wir klopften Pfeifen aus Holunder. Wir fingen Stichlinge mit dem Käscher. Dann ließen wir Drachen steigen. Dann rauchten wir heimlich Hopfenstengel. Dann schneeballerten wir. Dann schnitten wir wieder Holunder und klopften Pfeifen. Dann machten wir den Schulausflug zur Dobeler Burg, im Juni, die ganze Schule, zwanzig Jungen und siebzehn Mädchen.

Jedes Jahr fuhren wir mit dem Bus zur Dobeler Burg, wenn dort auch nur ein Turm, ein paar schiefe Mauern und ein Kellergewölbe zu sehen sind. Aber Lehrer Fricke sagte, das wäre eine stolze Vergangenheit. Wir nickten und zählten die Stufen. Sechsundachtzig waren es. Und ganz unten gab es ein Verlies mit Spinnweben und Ratten, wo es nach verfaultem Stroh roch. »Da haben die Kaufleute dringesessen«, sagte Herr Fricke, »und geschmachtet, bis das Lösegeld kam. Wenn es nicht kam, mußten sie verhungern.« Wir machten große Augen. So etwas geschieht heute ja nicht mehr, doch es ist angenehm gruselig zu hören. Und Herr Fricke sagte: »Andere Zeiten, andere Sitten.«

Hinter der Burg war eine hölzerne Bude, wo es Bonbons und Limonade zu kaufen gab. Herr Fricke trank da meist ein Helles und wickelte die Wurststullen aus. Er hatte einen kleinen Schnurrbart auf der Oberlippe und trug Marschstiefel, weil er seit kurzem bei der SA war. Davon erzählte er oft. Wie forsch es da zuging und wie sie einen Gepäckmarsch gemacht haben, zwölf Kilometer von Bredelem weg und zwölf zurück, mit vier Backsteinen im Tornister. Und es war so heiß, daß der Schweiß aus den Uniformärmeln tropfte, aber keiner hat gemuckt. Und wir, sagte Herr Fricke spöttisch, deutsche Jungen wollten wir sein und im Bus fahren zur Dobeler Burg? Haha!

Es war aber stets so gewesen, daß wir mit dem Bus fuhren. Wir liefen dann den Burgberg hoch. Wir spielten Raubritter und Kaufmann, die Mädchen hüpften oder hatten einen Ball. Und wenn wir genug gespielt hatten und das Bierglas leer war, zog Herr Fricke eine Trillerpfeife aus der Tasche und ließ uns antreten. Er gab scharfe Kommandos, dann marschierten wir in Dreierreihen zum Schwimmbad, das eine knappe Stunde hinter der Burg auf einer Wiese lag, bei Groß-

Dobeln. Dort holte uns der Bus ab. Wir sangen, wir lutschten Bonbons und fuhren nach Hause.

Herr Fricke bezahlte das alles aus der Reisekasse. Sogar die Limonade bezahlte er, nur die Bonbons nicht. Weil das den Zähnen schadet, sagte er. Und er war sehr stolz auf die Reisekasse, denn sie ist seine eigene Erfindung gewesen. Niemand brauchte etwas einzuzahlen. Trotzdem war stets, wenn wir zur Dobeler Burg fuhren, genausoviel Geld drin, wie es kostete. Das klingt nach Zauberei, es ist aber leicht zu erklären. Wir führten nämlich jedes Jahr zu Weihnachten ein Theaterstück auf, das ist ebenfalls eine Erfindung von Herrn Fricke gewesen. Er hatte es gedichtet, als er noch nicht in der SA war: von Maria und Joseph, von den Hirten und von den Weisen aus dem Morgenland und den Engeln. Vorläufig will ich aber nur sagen, daß es ein schönes Theaterstück war und daß wir kurz nach Bußtag damit anfingen. Das meiste konnten wir schon vom Vorjahr auswendig. Klaus Schöpke zum Beispiel war der Herodes, weil er Stimmbruch hatte und fast so tief sprechen konnte wie Herr Fricke. Renate Schüddekopp spielte die Maria, Glombitza einen Hirten. Udo Voß, weil er groß und dürr war, mußte der Joseph sein. Die Mädchen waren natürlich Engel. Und ich der Mohrenkönig. Ich schmierte mir das Gesicht mit Ofenruß schwarz und schnitt eine Krone aus Seifenkarton, die bemalte ich mit Goldbronze.

Die Aufführung fand stets zwei Tage vor Heiligabend im »Weißen Roß« statt. Es war proppenvoll, das freute uns, denn jeder, der es sehen wollte, mußte fünfzig Pfennige Eintritt bezahlen. Das taten die Leute auch, hauptsächlich weil Mausche Grendels Esel mitspielte. Es gab da öfter etwas zu lachen, wenn der Esel zum Beispiel was fallen ließ oder wenn er die Vorderbeine gegen die Bretter stemmte. Maria, die auf dem Esel saß, mußte ihm dann, so hatte Mausche gesagt, den Hals klopfen. Auf diese Art besann sich der Esel. Er trottete weiter zu Willi Teuteberg, dem dritten Wirt, der so leise sprach, daß Herr Fricke den Text meist aus der Kulisse rufen mußte: »Weiß nicht, wo ich euch aufnehmen soll, alle Kammern sind mir von Gästen voll, habe nur noch, daß Gott erbarm, einen Stall, dunkel und niedrig und arm«, oder so ähnlich.

Der Esel, sobald er etwas vom Stall hörte, stellte die Ohren aufrecht. Mitunter stieß er auch einen Schrei aus. Deswegen hauptsächlich kamen die Leute und bezahlten. Unser Dorf ist ja klein, es hat nicht mal ein Kino, und man kriegt sonst nicht viel zu sehen, wenigstens damals nicht, als wir unsere Ausflüge zur Dobeler Burg machten. Immerhin, das Geld für die Reisekasse kam reichlich zusammen. Lehrer Fricke rechnete es an der Tafel aus. Zuletzt sagte er: »Tja, wenn wir Mausche Grendels Esel nicht hätten!« Damit hatte er recht, denn die Geschichte von Maria und Joseph, da ist nicht viel Neues dran, man kennt sie. Aber der Esel, der war sehenswert.

Er hieß Bileam, glaube ich. Er hatte ein zotteliges, zernarbtes Fell und wässerige Augen. Vielleicht ist er schon alt gewesen, doch das war sein Herr auch.

Mausche Grendel verkaufte Schnürsenkel, Zwirn, Strümpfe, Wollgarn, Sicherheitsnadeln, Bleistifte, Radiergummi, Malbücher, Seife, Parfüm, lauter Kleinkram. Man hätte es ebensogut im Dorfladen kaufen können, aber bei Mausche Grendel war alles ein paar Pfennige billiger. Außerdem kriegte man, wenn man für eine Mark kaufte, einen Ring geschenkt, einen Fingerring mit grünem oder rotem Stein. Und vor Weihnachten hatte er natürlich auch Engelshaar, Schneewatte, Lametta, Glaskugeln, Wunderkerzen und Rauschgoldsterne.

Mausche machte kein schlechtes Geschäft, sehr zum Ärger des Kaufmanns, der sagte, es wäre alles Schund, man sollte zu ihm kommen, da hätten wir reelle Ware. Wir gingen aber lieber zu Mausche.

Er stand mit seinem Wägelchen bei Ebecke unten im Dorf, und der Esel stand in Ebeckes Scheune. Er war am Pflock festgebunden und steckte den Kopf zwischen den Balken durch. Meist schneite es, oder es regnete, dann blickte uns der Esel noch trauriger an.

»Ist müde, das Eselche«, sagte Mausche.

Er füllte die Tüte mit Pfeffernüssen und zwinkerte, indem er die rechte Augenbraue hochzog.

Mausche Grendel hatte ein zerknittertes, blasses Gesicht. Über den Schläfen kräuselten sich Büschel pechschwarzer Haare. Auch seine Brauen, in denen der Schnee hing, waren schwarz. Er trug Schaftstiefel wie Lehrer Fricke, nur waren sie längst nicht so neu und blank gewichst. Der Mantel, an dem zwei Knöpfe fehlten, hing schlottrig an ihm herunter. Nachts, sagten die Leute, wickelt er sich in den Mantel und legt sich neben dem Esel Bileam ins Stroh. Deswegen sah man meist Halme oder Spelzen am Mantel haften, aber das machte Mausche Grendel nichts aus. Er hatte, sagten die Leute, keine Frau mehr, die auf ihn achten konnte. Nur eine Tochter, die war krank. Wer sollte ihm da den Mantel bürsten und die Knöpfe annähen? Aber er hatte sie sehr gern, die Tochter. Und den Esel fast ebenso gern.

Vielleicht war Mausche sogar stolz darauf, daß der Esel in unserem Stück mitspielen durfte. Es sah prächtig aus, wenn Renate Schüddekopp in ihrem blauen Mantel dahergeritten kam. Mausche stand dann hinten im Saal und gab acht, daß der Esel nichts verpatzte. Und sooft man den Bileam lobte, zwinkerte der Alte und sagte: »O bitte särr! Is a gutts Eselche! A gutts Eselche!«

Das zerknitterte Gesicht wurde dann glatt und glänzend, und er wollte keine Entschädigung annehmen, nein, nichts, keinen Pfennig, nicht mal ein Schnäpschen.

»Ist ja eine Ehre«, sagte er, die Hände hebend, »eine große Ehre! Bitt scheen, die Herrschaften, das macht der Bileam umsonstig!«

Alljährlich richtete Mausche es so ein, daß er kurz vor Heiligabend in unser Dorf kam. Wir warteten schon tagelang auf ihn und gingen an die Westerbecker Kreuzung hinauf, wo man die Straße bis an den Wald überblicken kann. Und sobald Mausche Grendel mit dem Wägelchen unten in der Waldschneise auftauchte, liefen wir ihm entgegen, nahmen ihm die Zügel aus der Hand und schoben das Wägelchen so rasch vorwärts, daß der Esel sich erstaunt umsah. Mausche lachte und wischte sich den Schweiß ab: »So gutt mecht er's halt immer haben, der Graue!«

Noch ehe wir ins Dorf zogen, lief einer voraus und meldete Lehrer Fricke: »Der Esel ist da!«

Herr Fricke hatte sich womöglich schon Sorgen gemacht, ob Mausche nicht etwa krank wäre. Man weiß ja, wie unverhofft es kommen kann.

In dem Jahr allerdings, von dem ich erzählen will, es war das Jahr, als Lehrer Fricke die Marschstiefel anzog und manchmal mit braunen, geschweiften Hosen in die Schule kam und mit einem Koppel um den Bauch, da machte er sich keine Sorgen um Mausche Grendel. Wenn wir ihn fragten, ob es nicht bald Zeit wäre, zuckte er die Achseln. Und Schöpke Herodes, der einen vorlauten Mund hat, als der sagte: »Ohne den Esel spielen wir nicht«, da wurde Herr Fricke giftig, was jetzt öfter vorkam, und er schrie, wir sollten es bleibenlassen.

»Die Geschichte ist sowieso nicht zeitgemäß«, sagte er etwas ruhiger; es täte ihm fast leid, daß er so etwas geschrieben hat, aber man ist ja früher blind gewesen, jetzt ist das nicht mehr der Fall, jetzt durchschaut man die Sache.

Wir wußten nicht genau, wie Lehrer Fricke das meinte. Es war kein Spaß, soviel sahen wir ihm an. Er reckte die Schultern und ging stramm in der Klasse auf und ab, daß die Dielen knarrten. Und Schöpke Herodes, der noch etwas sagen wollte, bekam von Glombitza, dem Hirten, einen Wink, er solle bloß still sein, damit Lehrer Fricke nicht noch mehr böse wird und uns das Doppelte aufgibt an Schularbeiten.

Natürlich gingen wir an die Westerbecker Kreuzung. Es schneite, wir konnten nicht weit sehen. Aber als wir eine halbe Stunde Schneebälle gegen den Telegrafenmast geworfen hatten, daß er von oben bis unten gesprenkelt war, hörte es auf zu schneien. Ein Schwarm Krähen flog über uns weg, es war nachmittags gegen halb vier, fast dämmerig, da sagte Udo Voß:

»Dort kommt was.«

Wir starrten gegen die Waldschneise. Die Straße war weiß, der Wald auch weiß, aber nur auf der Windseite. Auf der anderen Seite war er dunkelgrün, fast schwarz. Und dort, zwischen dem Schwarzen und Weißen, da sahen wir etwas sich bewegen, langsam, viel langsamer als sonst.

»Ein Wagen«, sagte Glombitza.

Wir kniffen die Augen zusammen. Ein Wagen, jawohl, aber kein Esel.

Wir rannten die Straße hinunter. Jetzt sahen wir, daß Mausche einen Riemen quer über Brust und Schultern trug, und dieser Riemen war an der Achse des Wägelchens befestigt.

Mausche lächelte dünn, als er uns gewahrte. Er nahm den Hut ab und wischte den Schweiß von der Stirn. Die Haare waren verklebt vor Nässe, das Gesicht schmal und spitznäsig. Es war der gleiche Mausche wie sonst, und doch sah er anders aus.

»Wo ist der Esel?«

Mausche hob die Hände; er versuchte zu zwinkern, aber es ging nicht.

»Sie haben ihn doch nicht verkauft?«

Der feuchte, filzige Mantel Mausches war fast noch länger und schlottriger geworden. Niemand hatte ihm die fehlenden Knöpfe angenäht. Von Zeit zu Zeit blieb der Alte stehen. Er sprach kein Wort.

»Wie geht es der Tochter?« fragte Glombitza. Er fragte vielleicht nur, damit der Alte merken sollte, daß wir nichts vergessen hatten.

»Tot«, sagte Mausche. Er blickte uns groß an. »Hat nicht mehr wollen läbben, das Töchterche. Aber der Mausche, der muß. Der muß läbben.«

Er schüttelte verzweifelt den Kopf. Es war ja auch schwer zu verstehen, daß die junge Tochter sterben mußte, und der alte Mausche, der mußte leben. Er setzte den Hut auf und stemmte sich gegen den Riemen.

Wir schoben das Wägelchen den Berg hinauf. Es ging ganz leicht für Mausche Grendel. Er freute sich, trotz seines Kummers, daß wir ihn abgeholt hatten. Unterwegs hörten wir, daß er den Esel verkauft hatte, an einen Fabrikanten, der ihn den Kindern zu Weihnachten schenken wollte, damit sie darauf reiten könnten. Der Fabrikant war nach Mausches Beschreibung ein freundlicher Herr. Er hatte mehr als das Doppelte geboten, man kriegte ja nirgends Esel. Und dem Bileam ging es gut dort. Er konnte fressen, soviel er wollte. Und Mausche konnte die Begräbniskosten bezahlen. Ein paar Mark hatte er sogar übrig. Die kamen in die Reisekasse.

Wie? Hatte Mausche Grendel auch eine Reisekasse?

»Wollen Sie denn weg?« fragte Udo Voß.

Der Alte tat, als hätte er die Frage nicht gehört. Überhaupt hatte er, wie es uns vorkam, ein seltsames Wesen. Er blickte mitunter scheu von einem zum anderen. Er zuckte, wenn man ihn anredete. Es war, als hätte er Angst zu lächeln. Er schämte sich womöglich, weil er uns darum gebracht hatte, mit dem Esel auf der Bühne großzutun.

Kaum trauten wir uns, Herrn Fricke die Ankunft Mausche Grendels zu melden. Es ginge ihm nicht besonders, sagten wir. Er wolle den Handel aufstecken und verreisen.

»Soll er«, sagte Lehrer Fricke. »Soll bloß abhauen, der Mausche. Möglichst bald. Und weit weg. Am besten nach Bethlehem.«

Wir dachten, das wäre Spaß. Deshalb sagte Glombitza: »Aber er macht doch jedes Jahr die Reise nach Bethlehem! Zu uns, ins Dorf!«

Lehrer Fricke drehte sich wütend um. »Ich meine natürlich das richtige Bethlehem! Das, wohin die Mischpoke gehört!«

Nach dem Esel hatte er überhaupt nicht gefragt. Wir blickten auf seine Stiefel und schwiegen.

Mausche schlief, wie immer, in Ebeckes Scheune. Das heißt, Ebecke sagte, er wolle es nicht erlauben; aber wenn es trotzdem so wäre, wüßte er von nichts. Mausche machte keinen Besuch bei Ebecke, wie er es sonst immer getan hatte.

Am nächsten Tag gingen wir zu ihm, Glombitza und ich. Wir holten uns Wunderkerzen und Schnürsenkel. Doch Renate Schüddekopp sagte, ihre Mutter hätte es verboten. »Bei Mausche kauft man nicht«, sagte sie.

Wir kamen uns fast so vor, als hätten wir gestohlen, zumal der Kaufmann grüne Zettel mit Sternen in die Häuser schickte, darauf stand, daß es immer noch Einwohner gäbe, die ihre Ehre um ein paar Pfennige verleugnen, und diejenigen, welche das täten, sollten hiermit gewarnt sein.

Bald war es soweit, daß Mausche allein vor seinem Wägelchen hockte. Von Tag zu Tag ließ er den Kopf tiefer hängen.

Ich stand hinter Ebeckes Scheune und beobachtete ihn. Er blickte die leere Dorfstraße hinauf. Er ging um das Wägelchen herum und stampfte mit den Stiefeln. Es fing sanft zu schneien an. Mausche hauchte in die Hände. Dann steckte er die Hände in die Manteltaschen. Mitunter blickte er zur Scheune hinüber. Er mochte sich daran erinnern, daß Bileam dort den Kopf zwischen den Balken hervorgestreckt hatte. Jetzt war nur gelbes Stroh zu sehen. Ein Brett war quer über die Luke genagelt. Auf dem Dach saßen zwei Tauben, die strichen klatschend ab, als ein Schneeball von der Straße her durch die Luft sauste. Er traf Mausche Grendel vor die linke Brust, auf den Mantel. Es sah aus, als hätte Mausche sich dort einen Orden angesteckt.

»Na, na«, sagte er kopfschüttelnd.

Da ging ich zu ihm und kaufte zwei Schachteln Engelshaar.

Er starrte mich furchtsam an, weil ich von hinten, von der Scheune her kam. Als ich weggehen wollte, hielt er mich beim Rockärmel fest.

»Wer hat geworfen? Weißt du?« Er deutete auf den Schneefleck am Mantel.

Ich wollte ihm nicht sagen, daß es Schöpke Herodes gewesen war, der jetzt am lautesten auf Mausche schimpfte, weil er den Esel nicht mitgebracht hatte.

Auch sonst hatte er an Mausche allerlei auszusetzen. »Er will uns übers Ohr hauen«, sagte er. »Wir sind aber nicht so dumm und fallen darauf herein.«

»Willst einen Ring?« fragte Mausche.

Ich schüttelte den Kopf.

Mausche blickte mich argwöhnisch an. Der Schein der Karbidlampe warf einen messerscharfen Schatten in sein Gesicht. Die Backen waren hohl und feucht. Es mochte Schnee sein, der darauf taute.

»Nimm schon«, sagte er. »E scheener Ring, sieh doch!«

Ich sah, wie Mausches Hand zitterte.

»Wollen Sie wirklich verreisen?« fragte ich.

Mausche nickte.

Ich nahm den Ring, steckte ihn in die Tasche und fragte: »Nach Bethlehem?«

Mausche blickte mich von der Seite an. Er fürchtete offenbar, ich wolle mich über ihn lustig machen.

»Schwätz nicht«, sagte er barsch und schob, weil es stärker schneite, die Wagenplane über das Brett, auf dem er den Flitterkram zum Verkauf ausgelegt hatte. »So viel Geld«, sagte er, »hat der Mausche nicht, daß er mecht kommen bis Bethlehem.«

»Und die Reisekasse?«

Mausche lächelte verlegen. »I, das mecht vielleicht reichen fier weniger. Die Reise zum Töchterche, weißt?«

Ich sagte, ich wollte außer dem Engelshaar auch Lametta haben. Mir war eingefallen, daß ich noch Geld in der Hosentasche hatte.

Mausche gab mir Lametta. Er zwinkerte wie in alten

Zeiten. »Das schenkt dir der Mausche. Damit du wirst denken an ihn, wenn er wird sein unterwegs, auf der Reise. Willst du?«

Er hob die Schultern, daß der Kopf fast im Mantelkragen verschwand. Dann ließ er die Schultern wieder herabfallen und wendete sich ab.

»Heute abend«, sagte ich, um ihn aufzumuntern, »Sie kommen doch ins Gasthaus? Zuschauen?«

»Nein. Man wird nicht hereinlassen den alten Grendel.«

Ich verdrückte mich, weil ich glaubte, ich hätte Renate Schüddekopp auf der Straße gesehen.

»Wetten«, sagte Schöpke Herodes, als es soweit war. Er zog sich gerade den roten Mantel an.

»Was – wetten?«

»Daß er sich nicht traut!«

Mausche Grendel kam aber doch. Wir linsten durch den Vorhang. Er stand wahrhaftig im Saal, seitlich, ins Dunkle gedrückt.

»Unverschämt«, sagte Schöpke Herodes.

Ich sah, wie Mausche das Taschentuch aus dem Mantel zog und die Stirn abwischte. Der Wirt hatte gut eingeheizt, weil Lehrer Fricke stets besorgt ist, die Engel in ihren dünnen Kleidern möchten sich erkälten.

Der Saal war nicht so proppenvoll wie sonst. Man sah ein paar Reihen leerer Stühle. Glombitza sagte: »Nur weil der Esel nicht da ist.« Und Udo Voß, der den schönen langen Josephsbart hinter den Ohren befestigte, sagte, das nächste Mal müßten wir marschieren zur Dobeler Burg, weil nicht genug Geld einkommt für den Bus.

Ich drehte mich um. Schöpke Herodes flüsterte aufgeregt mit Lehrer Fricke. Herr Fricke sah aus, als müßte er etwas unternehmen. Er strich über das Bärtchen. Das tat er immer, wenn er anfing, giftig zu werden.

Ich hatte mir inzwischen das Gesicht schwarz gemacht. Ich setzte die Krone auf, die ich aus dem Seifenkarton geschnitten hatte. Maria stand in ihrem blauen Mantel neben Udo Voß. Beide warteten auf Herrn Frickes Zeichen, damit sie sich auf die Reise machen könnten, diesmal zu Fuß. Udo Voß sagte: »Wir haben ja junge Beine.« Und weil er dabei nach Renate Schüddekopfs Beinen schielte, mußten wir lachen, die Hirten, die Könige, auch ein paar Engel.

Da hörte ich Schritte. Energische Stiefelschritte, dicht neben mir. Dann eine Stimme. Herr Fricke konnte manchmal so reden, wenn er uns runtermachte. Jetzt sagte er: »Wie ich erfahre, befindet sich jemand im Saal, der hier fehl am Platze ist.«

Und eine andere Stimme unter den Zuschauern, ich glaube, es war der Sohn des Kaufmanns, rief noch etwas, das ich nicht verstand.

Es war eine Weile still. Dann hörte man einen leisen, schleppenden Schritt. Die Tür klappte. Und wir fingen an.

Als das Spiel zu Ende war und wir alle vor der Krippe gekniet hatten, rannte ich aus dem Saal, so wie ich war, mit Ofenruß und Krone.

Ich kam zu Ebeckes Scheune. Wo Mausche Grendels Wagen gestanden hatte, war ein dunkler Fleck, den der Schnee mehr und mehr verdeckte. Eine Räderspur, gerade noch zu erkennen, führte zum Dorf hinaus.

Ich sah nichts als wirbelnde Flocken, doch ich glaubte zu sehen, wie Mausche sich gegen den Riemen stemmte, wie er den Wagen zog, Schritt für Schritt, wie er keuchte, wie er stehenblieb und sich ängstlich umblickte, als kämen die Marschstiefel hinter ihm her.

Bethlehem, dachte ich. Ob er wirklich dorthin unterwegs war? Vom falschen Bethlehem ins richtige Bethlehem? Oder wohin fuhr Mausche Grendel?

»Ein prächtiger König warst du«, sagte die Mutter, als ich heimkam.

Ich schwieg. Rasch ging ich in die Kammer, legte die Krone weg und wusch mir die Schwärze aus dem Gesicht.

Erich Kästner

SECHSUNDVIERZIG
HEILIGABENDE

Fünfundvierzigmal hintereinander hab' ich mit meinen Eltern zusammen die Kerzen am Christbaum brennen sehen. Als Flaschenkind, als Schuljunge, als Seminarist, als Soldat, als Student, als angehender Journalist, als verbotener Schriftsteller. In Kriegen und im Frieden. In traurigen und in frohen Zeiten. Vor einem Jahr zum letztenmal. Als es Dresden, meine Vaterstadt, noch gab.

Diesmal werden meine Eltern am Heiligabend allein sein. Im Vorderzimmer werden sie sitzen und schweigend vor sich hin starren. Das heißt, der Vater wird nicht sitzen, sondern am Ofen lehnen. Hoffentlich hat er eine Zigarre im Mund. Denn rauchen tut er für sein Leben gern. »Vater hält den Ofen, damit er nicht umfällt«, sagte meine Mutter früher. Mit einem Mal wird er »Gute Nacht« murmeln und klein und gebückt, denn er ist fast achtzig Jahre alt, in sein Schlafzimmer gehen.

Nun sitzt sie ganz einsam und verlassen. Ein paarmal hört sie ihn nebenan noch husten. Schließlich wird es in der Wohnung vollkommen still sein ... Bei Grüttners oder Ternettes singen sie vielleicht »O du fröhliche, o du selige«. Meine Mutter tritt ans Fenster und schaut auf die weißbemützten Häuserruinen gegenüber. Am Neustädter Bahnhof pfeift ein Zug. Aber ich werde nicht in dem Zuge sein.

Dann wird sie in ihren Kamelhaarpantoffeln leise und langsam durchs Zimmer wandern und meine Fotografien betrachten, die an den Wänden hängen und auf dem Vertiko stehen. In den Büchern, die ich geschrieben habe und die sie auf den Tisch gelegt hat, wird sie blättern. Seufzen wird sie. Und vor sich hin flüstern: »Mein guter Junge.« Und ein wenig weinen. Nicht laut, obwohl sie allein im Zimmer ist. Aber so, daß ihr das alte, tapfere Herz weh tut.

Wenn ich daran denke, ist mir es, als müßte ich, hier

in München, auf der Stelle vom Stuhl aufspringen, die Treppe hinunterstürzen und ohne anzuhalten bis nach Dresden jagen. Durch die Straßen und Wälder und Dörfer. Über die Brücken und Berge und verschneiten Äcker und Wiesen. Bis ich endlich außer Atem vor dem Hause stünde, in dem sie sitzt und sich nach mir sehnt wie ich mich nach ihr.

Aber ich werde nicht die Treppen hinunterstürzen. Ich werde nicht durch die Nacht nach Dresden rennen. Es gibt Dinge, die mächtiger sind als Wünsche. Da muß man sich fügen, ob man will oder nicht. Man lernt es mit der Zeit. Dafür sorgt das Leben. Sogar von euch wird das schon mancher wissen. Vieles erfährt der Mensch zu früh. Und vieles zu spät.

Meine liebe Mutter... Nun bin ich doch selber schon ein leicht angegrauter, älterer Herr von reichlich sechsundvierzig Jahren. Aber der Mutter gegenüber bleibt man immer ein Kind. Mutters Kind eben. Ob man sechsundvierzig ist oder Ministerpräsident von Bischofswerda oder Johann Wolfgang Goethe persönlich. Das ist den Müttern, Gott sei Dank, herzlich einerlei!

Später wird sie sich eine Tasse Malzkaffee einschenken. Aus der Zwiebelmusterkanne, die in der Ofenröhre warmsteht. Dann wird sie ihre Brille aufsetzen und meinen letzten Brief noch einmal lesen. Und ihn sinken lassen. Und an die fünfundvierzig Heiligabende denken, die wir gemeinsam verlebt haben. An Weihnachtsfeste besonders, die weit, weit zurückliegen. In längst vergangenen Zeiten, da ich noch ein kleiner Junge war.

An das eine Mal etwa, wo ich ihr einen großen, schönen, feuerfesten Topf gekauft hatte und mit ihm, als sie mich zur Bescherung rief, hastig durch den Flur rannte. Als ich ins Zimmer einbiegen wollte, begann ich strahlend: »Da, Mutti, hast du . . .« Ich wollte natürlich rufen: ». . . einen Topf!« Aber nein, Mutters feuerfester Topf kam leider, als ich in die Zielgerade einbog, mit der Tür in Berührung. Er zerbrach, und ich stammelte entgeistert: »Da, Mutti, hast du – einen Henkel!« Denn mehr als den Henkel hatte ich nicht in der Hand.

Wenn sie daran denkt, wird sie lächeln. Und einen Schluck Malzkaffee trinken. Und sich anderer Weihnachten erinnern. Vielleicht jenes Heiligabends, an dem ich ihr die »sieben Sachen« schenkte. Verlegen überreichte ich ihr eine kleine, in Seidenpapier gewikkelte Pappschachtel und sagte, während sie diese unterm Christbaum vorsichtig und gespannt auspackte: »Weißt du, ich habe doch nicht viel Geld gehabt – aber es sind sieben Sachen, und alle sieben sind sehr praktisch!« In der Schachtel fand sie eine Rolle schwarzen Zwirn, eine Rolle weißen Zwirn, eine Spule schwarzer Nähseide, eine Spule weißer Nähseide, ein Briefchen Sicherheitsnadeln, ein Heftchen Nähnadeln und ein Kärtchen mit einem Dutzend Druckknöpfchen. Sieben Sachen! Da freute sie sich sehr, und ich war stolz wie der Kaiser von Annam.

Oder ihr fällt jener Weihnachtsabend ein, an dem ich, nach der Bescherung, noch zu Försters Fritz, meinem besten Freunde, lief, um zu sehen, was denn er bekommen hatte. Seinen Eltern gehörte das Milchgeschäft an der Ecke Jordanstraße ... Ganz plötzlich kam ich wieder nach Hause. Ich stand, als meine Mutter die Tür öffnete, blaß und verstört vor ihr. Försters Fritz hatte eine Eisenbahn geschenkt bekommen, und als ich damit hatte spielen wollen, hatte er mich geschlagen!

Da stand ich nun klein und ernst vor ihr und fragte, was ich tun solle. Zurückschlagen hatte ich nicht können. Er war ja mein bester Freund! Und warum er mich eigentlich geschlagen hatte, begriff ich überhaupt nicht. Was hatte ich ihm denn getan?

Damals hatte meine Mutter zu mir gesagt: »Es war richtig, daß du nicht zurückgeschlagen hast! Einen Freund, der uns haut, sollen wir nicht auch prügeln, sondern mit Verachtung strafen.«

»Mit Verachtung strafen?« Ich machte kehrt.

»Wo willst du denn hin?« fragte meine Mutter.

»Wieder zurück!« erklärte ich energisch. »Ihn mit Verachtung strafen!« Und so ging ich wieder zu Försters und verbrachte den Rest des Abends damit, meinen Freund Fritz gehörig zu verachten. Leider weiß ich nicht mehr, wie ich das im einzelnen gemacht habe. Schade. Sonst könnte ich euch das Rezept verraten.

Oder meine Mutter wird an einen anderen Heiligabend denken, der nicht ganz so weit zurückliegt. Es sind höchstens zwanzig Jahre her – da gingen wir, nach unserer Bescherung, an den Albertplatz zu Tante Lina, um dabeizusein, wenn der kleine Franz beschert bekäme. Franz war das Kind meiner früh verstorbenen Base Dora.

Ich war damals ungefähr fünfundzwanzig Jahre alt.

Und plötzlich sagte Tante Lina, der Weihnachtsmann, der zum kleinen Franz hätte kommen sollen, habe in letzter Minute wegen Überlastung abtelefoniert, und ich müsse ihn unbedingt vertreten! Sie zogen mir einen umgewendeten Pelz an, hängten mir einen großen weißen Bart aus Watte um, drückten mir einen Sack mit Äpfeln und Haselnüssen in die Hand und stießen mich in das Zimmer, wo Franz, der kleine Knirps, neugierig und etwas ängstlich auf den richtigen Weihnachtsmann wartete. Als ich ihn mit kellertiefer Stimme fragte, ob er auch gut gefolgt habe, antwortete er: O ja, das habe er schon getan. Und dann kitzelte mich der alberne Wattebart derartig in der Nase, daß ich laut niesen mußte.

Und der kleine Franz sagte höflich: »Prost, Onkel Erich!« Er hatte den Schwindel von Anfang an durchschaut und hatte nur geschwiegen, um uns Erwachsenen den Spaß nicht zu verderben.

Meine Mutter in Dresden wird also an vergangene glücklichere Weihnachten denken. Und ich in München werde es auch tun.

Erinnerungen an schönere Zeiten sind kostbar wie alte goldene Münzen, Erinnerungen sind der einzige Besitz, den uns niemand stehlen kann und der, wenn wir sonst alles verloren haben, nicht mitverbrannt ist. Merkt euch das! Vergeßt es nie!

Während ich am Schreibtisch sitze, werden meiner Mutter vielleicht die Ohren klingen. Da wird sie lächeln und meine Fotografien anblicken, ihnen zunikken und flüstern: »Ich weiß schon, mein Junge, du denkst an mich.«

Josef Reding

LEBTE CHRISTUS NUR EIN PAAR STUNDEN?

Wenn wir Mahatma Gandhi sagen, stellen wir uns nicht einen nackten, rosigen Säugling auf dem obligatorischen Krabbelfell im Studio des Familienfotografen vor. Wir sehen vielmehr einen ausgezehrten Mann, der sich in die Gefängnisse der Besatzungsmacht schleppen läßt, der langfristige Hungerstreiks durchsteht, der in der Volksmenge zu Hause ist, der in der Volksmenge sein Konzept von der gewaltlosen Veränderung der Verhältnisse erklärt und der aus der Volksmenge heraus ermordet wird.

Wenn wir Martin Luther King sagen, denken wir nicht an ein Negerbaby, sondern an einen Erwachsenen in der Spitzengruppe eines Demonstrationszuges, an den zwingenden Formulierer von »I have a dream . . .«, an den Gemeuchelten von Memphis, Tennessee.

Aber sagt man Christus, dann schrumpft bei vielen Zeitgenossen das Vorstellungsvermögen auf das Krippenkind zusammen; auf ein von manchen Künstlern kosmetisch behandeltes, barock ausgestattetes Krippenkind eher als auf den Säugling, der nach einem selbstsicheren Gesellschaftskodex als in der »unteren Unterschicht zur Welt gekommen« registriert wird: Geburt im Futtertrog eines Viehschobers, für dessen Betreten keine Erlaubnis des Eigentümers vorliegt, also: Hausbesetzung. Ob realistisch, ob idealisiert: Wenn der Geburtstag von Jesus Christus gefeiert wird, bekommen die ersten Stunden seines Lebens eine gesteigerte Aufmerksamkeit, die seinem dreiunddreißigjährigen irdischen Dasein insgesamt nicht wieder zuteil wird.

Dabei tritt der biographische Stellenwert dieser ersten Lebensstunden zurück gegenüber den späteren Jahren, als Christus »Öffentlichkeit herstellt«, als er Ungewöhnliches verkündet, als er gegen Gewöhnliches demonstriert, als er so handelt, daß damalige Gesetzesauffassung ihn als Illegalen brandmarkt.

Warum verbraucht sich die Vorstellungs-Energie, die ein Teil der Menschheit immerhin noch für Christus aufzubringen bereit ist, so intensiv und fast ausschließlich für den Beginn seines Lebens?

Es würde einem vielverbreiteten theologischen Wunschbild entsprechen, wenn die Antwort lauten könnte: Die Geburt Christi bekommt eine derart unproportional große Aufmerksamkeit, weil hier die Unfaßbarkeit verarbeitet werden muß: Gott ist Mensch geworden! Gegenüber dieser Interpretation muß die schlichtere Vermutung gestattet sein, daß viele Menschen sich das Dasein Christi so unwillkürlich zurechtkürzen, daß viele seine ersten Lebensstunden derart angestrengt feiern und ihn dann später kaum mehr beachten, weil fast alles an seinem kommenden Wirken sie irritiert.

Der Säugling Jesus verbreitet in den meisten Krippendarstellungen ständig jenes mit dem Attribut »holdselig« umschriebene Lächeln, in dem sich nahezu jeder Charakter bestätigt fühlen kann. (In Wahrheit wird der Säulging in dem windschiefen Feldgehäuse und auf der spelzigen Spreu häufig und mit jener Ausdauer gebrüllt haben, wie es junge Elternpaare in dünnwandigen Zellen des sozialen Wohnungsbaus allnächtlich fürchten.) Offenbar ist man der Überzeugung, daß die vermeintlich permanente Vergnügtheit der ersten Stunden des Christus in Säuglingsgestalt weidlich genutzt werden muß, denn späterhin lächelt und lacht er nicht mehr, jedenfalls läßt keine Passage des Neuen Testaments auf eine Heiterkeitsbekundung des Jesus Christus schließen.

Darum vielleicht die Verbissenheit, der merkantile Aufwand, die Ausgepumptheit, mit der wir die erste Lebensphase Christi abfeiern. Noch verpflichtet dieses Wesen uns zu nichts. Noch werden seinetwegen keine Altersgenossen gemordet, noch reißt er als Junge nicht aus, noch gibt er seinen Eltern nicht jene merkwürdigen Antworten, die nun nicht gerade als Dokumentation des Gehorsams gegenüber Autoritätsträgern vorgezeigt werden können.

Noch ist Christus ein Neugeborener. Noch fehlt ihm die Sprache als Transportmittel für die Wesenselemente seiner Verkündigung, noch kann er seine Gleichnisse nicht artikulieren, um die ihn bis heute jeder Rhetoriker, jeder Schriftsteller beneiden muß.

Noch hat Christus nicht gesagt, daß es ein himmelschreiendes Unrecht ist, wenn wenige alles haben und die meisten nichts. Noch hat er nicht lehren können, daß die Anbetung lauten sollte »Vater unser . . .« und nicht etwa »Profit unser . . .«

Noch hat er nicht zu verstehen gegeben, daß seine Maßstäbe nicht an bestimmte Tarifforderungen, Besoldungsgruppen, Honorare und Gagen gebunden sind.

Noch ist Christus wenige Stunden alt. Noch hat er die Geldscheffler nicht aus dem Tempel gejagt, die aus dem Glauben, der Arbeitskraft und der mangelnden Informiertheit anderer Kapital schlagen.

Noch liegt Christus zwischen den Krippenbrettern. Noch ist er nicht auf den Berg gezogen, und noch hat er seine Predigt nicht in die Welt hineingesagt, sein Programm.

Noch hat er nicht eindeutig klargemacht, daß Schwerter, Panzer, Napalm-, Neutronen- und Atombomben nicht von seinem Geiste sind, sondern gegen ihn gerichtet sind, gegenchristlich und damit unchristlich sind, gegenmenschlich und damit unmenschlich sind.

Noch ist Christus nicht an sein Kreuz geheftet.

Es steckt soviel an neuem, ungewohntem Muster in dem, was er drei Jahrzehnte nach seiner Geburt gesagt hat. Und weil wir sein Muster nicht begreifen wollen, weil wir diesen unbequemen, ärgerlichen Entwurf Christi so schwer mit dem Modus unseres Lebens in Einklang bringen können, darum schaffen wir Abstand von den entscheidenden Jahren seines Lebens und begnügen uns mit dem Szenarium seiner Geburt.

Aber – lebte Christus nur ein paar Stunden?

William Ashley Anderson

ERSCHEINUNG AM WEIHNACHTSABEND

Es war ein bitterkalter Abend, weit und leer. Über Hallett's Hill glitzerte ein heller Stern wie der Silberstern an der Spitze eines Weihnachtsbaumes. Die unbewegte Luft schien zu tönen wie das Innere einer großen ehernen Glocke. Aber in unserem Bauernhaus im pennsylvanischen Bergland verbreiteten die rotglühenden Öfen behagliche Wärme.

Der Abendbrottisch war abgeräumt, und soeben hatte ich es mir mit einer Zigarette bequem gemacht, als mein kleiner Sohn Bruce herunterkam, eine geisterhafte Erscheinung in langem, weißen Nachthemd mit einem purpurroten, silberdurchwirkten Überwurf. In der einen Hand hielt er eine hohe Krone aus gelber Pappe mit Flittergold, an der anderen schaukelte ein reichverziertes Weihrauchfaß. An den Füßen hatte er leichte Schlurfsandalen.

»Was soll denn das vorstellen?« fragte ich lachend. Meine Frau betrachtete den Jungen prüfend und gleichzeitig teilnahmsvoll und zärtlich.

»Er ist doch einer der Weisen aus dem Morgenland«, erklärte sie fast entrüstet.

Der mahnende Blick, den sie mir zuwarf, erinnerte mich daran, daß ich versprochen hatte, Bruce rechtzeitig zu der im Schulhaus stattfindenden Weihnachtsfeier zu bringen. Mir schauderte bei dem Gedanken an die Kälte draußen; dennoch zog ich einen dicken Mantel an und ging tapfer durch die Dunkelheit zur Garage.

Die Batterie meines alten Wagens war längst erschöpft, doch dank einer jener unberechenbaren Launen der Technik sprang der Motor bei der ersten Kurbeldrehung an. Das war allerdings ein Teufelsstreich, denn ehe wir die Landstraße erreichten, setzte der Motor aus.

Mir sank das Herz. Ich sah Bruce an, der Krone und Weihrauchfaß in den Armen hielt und auf den scheinbar endlosen Weg starrte, der sich zwischen den einsamen Hügeln verlor. Die Ortschaft Hallett lag über zwei Kilometer entfernt, und bis zur nächsten Tankstelle an der Route 90 waren es mehr als drei Kilometer.

Nun, dachte ich, die Sache ist nicht weiter tragisch. Bruce schwieg noch immer, aber er blickte jetzt auf den hellen Stern, der über dem zackigen Berggrat funkelte. Mir wurde ein wenig unbehaglich zumute, denn ich merkte auf einmal, daß der Junge betete. Auch er hatte ein Versprechen gegeben, und nun betete er, daß nichts ihn davon abhalten möge, an diesem herbeigesehnten Weihnachtsabend einer der Heiligen Drei Könige zu sein.

Ich mühte mich mit der Kurbel ab, aber vergeblich. Dann kramte ich in der Tasche nach Streichhölzern, um mir eine Zigarette anzuzünden und zu überlegen. Als ich aufsah, war Bruce nicht mehr da. Ein Stück weiter unten eilte er den Weg entlang; mit der einen Hand hielt er sein Königsgewand gerafft, die andere schwenkte das Weihrauchfaß; die hohe goldene Krone saß ihm schief auf dem Kopf. Ich wußte nicht, ob ich lachen oder ihn zurückrufen sollte. Schließlich warf ich die Zigarette weg und kurbelte von neuem.

Endlich sprang der Motor spuckend und fauchend an. Ich kletterte in den Wagen, fuhr los und holte Bruce kurz vor der Stelle ein, wo die Straße zur Stadt abzweigte.

»Du hättest nicht so davonlaufen sollen«, knurrte ich. »Es ist viel zu kalt.«

»Ich habe den Weihrauch angezündet«, versetzte er. »Ich bin ganz warm geblieben. Ich habe mich immer nach dem Stern gerichtet und den Weg abgekürzt, quer durch Basoines Farm, und bei dem neuen Haus bin ich wieder auf die Straße gekommen.« Er zitterte vor Kälte.

»Aber deine Sandalen! Du hättest dir die Füße erfrieren können!«

»Es war nicht so schlimm.«

Wir kamen noch beizeiten im Schulhaus an. Ich stand ganz hinten unter den Zuschauern. Als ich Bruce steifbeinig auf schmerzenden, halb erfrorenen Füßen hereinhumpeln und, seine Verse deklamierend, vor der Krippe knien sah, bereute ich, daß ich über ihn gelacht hatte. Ein ungewohntes Gefühl der Ehrfurcht stieg in mir auf, und ich spürte, daß ihn etwas Stärkeres als ein Versprechen durch die kalte Nacht zu diesem Weihnachtsspiel getrieben hatte.

Auf dem Heimweg zeigte er mir die Stelle, wo sein Abkürzungsweg in die Straße mündete. »Da wohnen Thompsons«, sagte er und fügte hinzu: »Harry Thompson ist dort gestorben.«

Als wir an Basoines Farm vorbeikamen, waren die Fenster erhellt. Darüber wunderte ich mich. Seit George Basoine fortgezogen war, um sein Glück zu machen, war die alte Großmutter, die ihren Jüngsten im Ersten Weltkrieg verloren hatte, ganz zusammengebrochen, und Trübsinn lag über dem Haus.

Ich fuhr langsamer, und so konnte ich durchs Küchenfenster Lou Basoine sehen, der Pfeife rauchte und sich mit seiner Frau und der Mutter unterhielt.

Sonst gibt es von diesem Abend nichts weiter zu erzählen. Am ersten Weihnachtsfeiertag aber kam eine freundliche Nachbarin und brachte uns ein Stück Wildpastete und einen Krug sassafrasgewürzten Apfelwein. Sie ging in die Küche zu meiner Frau, die gerade das Weihnachtsmahl zubereitete. Als ich Gelächter hörte, gesellte ich mich hinzu; denn ich habe eine Schwäche für ländlichen Klatsch.

»Hör dir das an!« sagte meine Frau.

Die Nachbarin sah mich mit erregt glänzenden Augen an, jedoch ein wenig argwöhnisch. »Sie müssen es ja nicht glauben«, begann sie, »aber es ist schon so. Die Leute hier oben in den Bergen sehen mehr als andere Menschen und glauben daran.«

»Was haben Sie denn gesehen?«

»Ich nicht. Es war die alte Mutter Basoine. Gestern abend, als ihr weh zumute war, kam es ihr vor, als hörte sie etwas hinter der Scheune, und sie schaute hinaus. Nun muß ich von der alten Frau sagen, sie hat noch gute Augen. Der Mond schien zwar nicht, aber es war eine helle Sternennacht, wie Sie wohl wissen. Und da sah sie, so deutlich wie am hellichten Tag, einen der

Heiligen Drei Könige aus der Bibel den Hang herunterkommen, mit einer Goldkrone auf dem Kopf, und er schwenkte in der Hand so einen Kessel, der rauchte . . .«

Meine Frau und ich blickten einander an, doch bevor ich etwas sagen konnte, fuhr die Besucherin eifrig fort: »Lachen Sie nicht! Es gibt noch andere, die es bezeugen können – die Thompsons. Sie wissen doch, die Leute, denen der älteste Sohn gestorben ist. Dort hörten die Kinder ihn zuerst. Er sang ›Herbei, o ihr Gläubigen‹, ganz deutlich hörten sie es. Sie liefen zum Fenster, und da sahen sie einen der Heiligen Drei Könige im Sternenschein den Weg überqueren, mit Goldkrone, langem Gewand, Feuertopf und allem!«

Die Farmersfrau sah mich herausfordernd an. »Jawohl, so ist es. Alte Leute und Kinder sehen Dinge, die wir vielleicht nicht sehen können. Aber eins kann ich Ihnen sagen, die Basoines und die Thompsons kennen sich nicht einmal. Die alte Mutter Basoine fühlte sich einsam und dachte trauernd an ihren gefallenen Sohn, und den Eltern Thompson war es auch einsam und traurig ums Herz, weil es das erste Weihnachtsfest ohne ihren Harry ist, und sie beteten gerade zum Herrgott. Vielleicht glauben Sie nicht daran, daß Beten etwas ausmacht. Aber ich sage Ihnen, es war ein Trost für sie, so etwas zu sehen und daran zu glauben!«

In der Küche wurde es still. Die beiden Frauen betrachteten forschend mein Gesicht, vielleicht in der Erwartung, einen Ausdruck der Ungläubigkeit zu finden, da ich nicht sehr fromm bin. Doch was sie auch erwartet haben mochten, auf das, was kam, waren sie nicht gefaßt.

Freilich, ich hatte an diesem Weihnachtsabend kein Wunder erlebt, aber was ich gesehen hatte, das machte mir einen viel größeren Eindruck als jegliche übernatürliche Erscheinung: einen kleinen Jungen aus Fleisch und Blut, der, einem Versprechen getreu, querfeldein dem Stern nachging, welcher vor Jahrhunderten die drei Weisen aus dem Morgenlande nach Bethlehem geführt hatte. Es lag mir fern, die Standhaftigkeit und Gläubigkeit zu verleugnen, die ich in jener Nacht in den Augen meines Sohnes gesehen hatte.

Und so sagte ich mit einer Aufrichtigkeit, die für die beiden guten Frauen gewiß ebenso unverhofft wie sichtlich beglückend war: »Ja, ich glaube, in der Weihnachtszeit ist uns Gott sehr nahe.«

Irmela Brender

ES BEGAB SICH ABER ZU DER ZEIT . . .

Die Weihnachtsgeschichte steht im Neuen Testament, im Evangelium des Lukas. Doch Lukas, ein Arzt aus Syrien, der seinen Bericht ums Jahr 80 schrieb, hat sie nicht miterlebt. Er stützte sich auf die Erzählungen anderer, »die es von Anfang selbst gesehen und Diener des Worts gewesen sind« (Lukas 1,2). Unter denen, die es selbst gesehen, könnten auch drei gewesen sein, von denen man nichts mehr weiß: die Magd, der Hirtenjunge und der Wirt der Herberge. Und so könnten deren Geschichten gewesen sein:

Mägde hat man nicht gefragt

Als der geboren wurde, den sie später Jesus von Nazareth nannten, war ich dabei. Und das war gut so, denn er war Marias erstes Kind, und allein hätte sie sich kaum zu helfen gewußt in der Fremde. Später, als die Geschichte wichtig geworden war und alle kamen und wissen wollten, wie es geschehen sei, da mußte ich lachen über das, was sie sich merkten. ›Und sie gebar ihren ersten Sohn und wickelte ihn in Windeln‹ – das haben sie sich gemerkt. Aber woher die Windeln kamen, das hat keiner gefragt. Haben sie denn gedacht, Maria hätte die Windeln geschleppt von Nazareth in Galiläa bis nach Bethlehem in Judäa, den ganzen weiten Weg? Sie hatte keine Windeln, und das ist die Wahrheit. Ich habe ihr welche besorgt. Wenn man es genau nimmt, habe ich sie sogar gestohlen – von meiner Herrin. Aber das habe ich gern getan für Maria, die meine Freundin geworden ist.

Wir waren gleich alt, und das heißt: jung. Trotzdem habe ich mich zuerst von ihr ferngehalten, denn sie war mit dem Zimmermann gekommen, den ich für ihren Mann hielt, und ich war nur die Magd.

Aber als ich ihr dann Decken und Wasser in den Stall brachte, wo die beiden schlafen mußten, weil es einfach keinen Platz im Haus mehr gab, und als ich dann sah, wie bedrückt sie war, da fing ich an, mit ihr zu reden. Und wir redeten immer dann, wenn Joseph ging und sich um seine Angelegenheiten kümmerte. Er mußte sich in die Steuerliste eintragen und hatte Verwandte zu treffen und vieles andere mehr.

Sie waren gar nicht verheiratet, Maria hat es mir erzählt. Und das Kind war auch nicht von ihm. Als er merkte, daß sie schwanger war, hatte er sich von ihr trennen wollen. Er hätte sie öffentlich verklagen können, aber das wollte er nicht. Er wollte einfach so gehen – leise und ohne Streit. Doch irgendwie muß er es sich dann anders überlegt haben, jedenfalls nahm er sie mit nach Bethlehem zur Registrierung. Aber verheiratet waren sie nicht, und sie gingen miteinander um wie Bruder und Schwester.

Von wem das Kind war, hat Maria mir nie erzählt. Sie sprach nur einmal von einem Engel und einem Traum, ich fand das übertrieben, aber vielleicht habe ich es auch einfach nicht verstanden. Ich war schließlich nur die Magd, und sie kannte klügere Leute, eine Freundin von ihr, eine gewisse Elisabeth, war zum Beispiel die Frau eines Priesters.

Nun, ich habe sie nicht mit Neugier bedrängt. Wenn ein Mädchen ein Kind bekommt und der Vater ist nicht da, dann ist es schlimm genug, auch wenn es vorher einen Traum mit einem Engel gegeben hat.

Meistens war ich es, die redete, ich erzählte ihr, wie es zuging in Bethlehem mit den vielen Freunden und dem Trubel durch die Eintragungen in die Steuerlisten. Sie schwieg meist und dachte nach und seufzte wohl auch mal. Aber beklagt hat sie sich nie. Sie hat sich in ihr Schicksal gefügt, nur noch eine Mutter zu sein. *Nur*, sage ich, und ich will mich gewiß nicht über sie erheben, aber es war doch meine Meinung. Sie war ja noch Tochter. Und sie war ja noch Frau. Und Mensch überhaupt. Aber sie wollte nur noch Mutter sein. Ob der Zimmermann sie heiratete oder nicht, war ihr gleichgültig. Das Kind sollte es gut haben. Aus ihm, sagte sie, würde etwas Großes werden.

Das sagen, heute weiß ich es, alle Mütter. Je schwerer sie es haben, um so größer sind ihre Wünsche für das Kind. Man merkt es auch an den Namen, die sie ihren Kindern geben. Maria wollte ihren Sohn Jesus nennen, das heißt: das Heil, die Hilfe, der Sieg. Ein mächtiger Name ist das für ein uneheliches Kind!

Als es dann geboren wurde, war ich, wie gesagt, dabei. Ich habe Maria beigestanden. Und ich habe die Windeln aus der Truhe meiner Herrin genommen, die Herrin hat es gar nicht gemerkt, aber Diebstahl war es doch. Lange habe ich gefürchtet, er wird entdeckt, und sie werfen mich hinaus. Ich hatte große Angst, denn Diebstahl ist eine Sünde, auch wenn nichts herauskommt.

Ich habe Maria zuliebe gestohlen. Sie hat mir leid getan, aber bewundert habe ich sie auch. Und ich dachte, wenn sie so viel Mut hat für ihr Kind, dann kann ich wenigstens die Windeln für sie stehlen.

Viel später dann, als sie kamen und fragten, wie es zugegangen sei bei der Geburt von Jesus, da hätte ich

81

ihnen gern von Maria erzählt: wie einsam sie war und wie hilflos, wie demütig und wie hoffnungsvoll nur für ihr Kind. Aber Mägde hat man nicht gefragt.

Wie einer ein Wunder verschlief

Auch mich haben sie vergessen. ›Und es waren Hirten in derselbigen Gegend auf dem Felde bei den Hürden, die hüteten des Nachts ihre Herde‹, wird berichtet. Es war auch ein Hirtenjunge dabei, der hütete nicht, der schlief. Und der war ich. Oft habe ich damals die Nachtwache verschlafen, aber die anderen waren mir nicht böse deshalb. Sie waren Männer, und ich war noch ein Kind, und sie verstanden wohl, daß ich mehr Schlaf brauchte als sie. Außerdem hörten sie mir gern zu, wenn ich ihnen nach dem Aufwachen erzählte, was ich geträumt hatte.

Auch in jener Nacht hatte ich einen Traum, aber von dem wollte hinterher keiner mehr hören. Er wiederholte auch nur, was ich am Tag erlebt hatte, und trieb die Angst vom Tag weiter in die Nacht. Die Angst kam daher, daß ich vielleicht ein Schaf verloren hatte. In meiner Herde waren mehr Schafe als Finger an meinen Händen. Ein Schaf war braun, und es waren mehr schwarze als weiße. An diesem Tag kam es mir so vor, als wären es so viele schwarze wie weiße. Wenn sie hintereinander gingen, am Anfang ein schwarzes, dann ein weißes, und immer so fort, dann mußte am Ende wieder ein schwarzes kommen, oder zwei schwarze hintereinander. Aber sie gingen so nicht hintereinander, sie liefen vor und wieder zurück und waren in keine Reihe zu kriegen. Von mir wenigstens nicht. Ich war noch nicht lange Hütejunge. Und mir kam es so vor, als wären es jetzt so viele schwarze wie weiße.

Das machte mir angst. Und die falsche Angst noch dazu. Ein guter Hütejunge hat Angst um das Schaf. Ich hatte nur Angst um mich.

Das Schaf konnte schließlich überall etwas zu fressen finden. Ich nicht. Meine Schafe waren jung, und kaum jemand schlachtet ein so junges Schaf – es hat nicht viel Fleisch.

Es waren natürlich nicht meine Schafe. Ich hütete sie nur. Ich hatte nichts, was mir gehörte, wenn ich von ›mein‹ sprach, dann konnte es höchstens meine Nase sein, mein Arm, mein Fuß, mein Kopf. Hemd und Hose waren von meinem älteren Bruder, sie waren so lange mein Hemd und meine Hose, bis sie meinem jüngeren Bruder paßten. *Meine* Brüder? Man sagt so, aber natürlich gehörten auch sie mir nicht.

Was würden die Hirten tun, wenn ich wirklich ein Schaf verloren hatte und sie es merkten? Mich zurückschicken zu den Eltern? Dort war kein Platz für mich, und dort gab es für mich kein Essen. Wenn ich käme, würden sie rücken und schweigen. Ein bißchen Platz würde es für mich geben. Aber nach einiger Zeit würden sie wieder rücken und immer noch schweigen, und es wäre zu eng für mich. Davor hatte ich Angst am Tag.

Im Traum wurde die Angst noch schlimmer. Ich bin ein dummer Hirtenjunge und weiß nichts – noch nicht einmal die Schafe zählen kann ich. Aber wer nichts weiß, hat Angst vor allem, weil das Schlimme für ihn ohne Ende ist.

Gerade verfolgte mich im Traum ein Ungeheuer, in dem sich das verlorene Schaf verbarg, da weckten sie mich. Sie schrien und zogen mich an den Armen und sagten, ich hätte ein Wunder versäumt und einen großen Glanz. Ich begriff nichts, aber ich stand auf, weil sie es wollten, und lief mit ihnen in die Stadt, nach Bethlehem. Wir gingen in einen Stall. Dort saßen zwischen den Tieren ein Mann und eine Frau, und in einer Futterkrippe lag ein kleines Kind.

Die Hirten warfen die Arme hoch und lachten, weil das Kind da war, und der Mann und die Frau freuten sich auch. Warm war es im Stall, und wir atmeten den freundlichen Geruch der Tiere ein, und es gab Platz für uns alle. Ein paar Hirten liefen davon, um anderen von dem Kind zu erzählen, die übrigen blieben und sprachen leise gute Worte. Sie erzählten von dem Wunder bei den Hürden, und einer, dem ich zufällig in den Blick geriet, bedauerte mich sogar, weil ich das Wunder verschlafen hatte.

Aber hier im Stall war auch ein Wunder: Wie sonst konnte es sein, daß fremde Männer sich so freuten über ein kleines Kind? Daß sie so sanft sprachen und darauf achteten, daß sie mit Händen und Füßen keinem in die Quere kamen?

Ich verstand es nicht, aber ich verstand, daß wenigstens in dieser Nacht auch ich keine Angst mehr zu haben brauchte wegen des verlorenen Schafes. Und ich habe wohl viel versäumt damals und manches nicht begriffen, aber seither weiß ich, daß es Stunden gibt, in denen sind die Menschen gut.

Immer wird ein Bösewicht gebraucht

In meinem Haus ist Jesus von Nazareth geboren. Richtig, es war im Stall, aber der Stall gehört zu meinem Haus. Vom Haus ist nirgendwo geschrieben, von mir auch nicht.

Das Gegenteil von Wahrheit ist nicht nur Lüge. Oft ist es Verschweigen. ›Denn sie hatten sonst keinen Raum in der Herberge‹, das haben sie gesagt und weitergesagt und aufgeschrieben, damit es nicht vergessen wird. Alles andere, was mich und meine Herberge betrifft, haben sie verschwiegen, und so bin ich zum Bösewicht geworden in den Geschichten, die man sich weitererzählt, zum Unbarmherzigen, zum Reichen sogar – ach, wäre ich wenigstens das. Vielleicht ließe es sich dann leichter ertragen, ohne Freunde zu sein.

Damals hatte ich noch Freunde, und täglich fand ich mindestens einen neuen unter meinen Gästen. Es waren viele Gäste in der Herberge, wie alle, deren Väter aus Bethlehem stammten, gekommen waren, um sich in die neuen Steuerlisten einzutragen. Bis dahin hatte es keine Steuer bei uns gegeben, und viele, die nun zurückkehrten, schimpften über den Kaiser Augustus und sein Gesetz. Aber natürlich schimpften sie nicht den ganzen Tag. Sie erzählten auch, wie es ihnen ergangen war, sie feierten Wiedersehen mit Verwandten und mit Freunden aus Kindertagen, und ich war dann gern dabei.

Ich nahm auf, wen ich konnte. Nicht nur die mit Geld, die ihre Unterkunft bezahlen konnten. Auch die Armen fanden in meiner Karawanserei ein Lager, auch die Ärmsten, denen ich noch dazu das Essen schenken mußte, wollte ich sie nicht darben sehen. Aber ich will mich nicht rühmen. Ich tat nur das, was bei uns Sitte und Gastfreundschaft verlangen.

Als das Paar dann kam, der Zimmermann und die schwangere Frau, hatte ich wirklich kein Plätzchen mehr frei. Ich wollte sie schon weiterschicken – sie waren bereits bei anderen gewesen, die sie zu mir geschickt hatten –, da fiel mir der Stall ein. Warm ist es in meinem Stall, und sauber wird er auch gehalten. Ich sagte nicht: Geht in den Stall; anderes habe ich nicht für euch. Ich sagte: Leider ist mein Haus voll. Nur im Stall wäre noch Platz. Aber das ist ein armseliges Angebot. Vielleicht wollt ihr lieber weiterziehen.

Wir bleiben gern im Stall, wenn wir dürfen, sagte der Mann. Die Frau sagte nichts, sie war sehr müde. Ich schickte ihnen gleich die Magd mit Wasser und Dekken.

Und als dann das Kind geboren wurde, sagte ich zu meiner Frau, sie solle die Windeln aus der Truhe holen. Da hatte die Magd sie schon genommen. Es war richtig so, auch wenn wir das Geschenk gern selbst gemacht hätten. Wir haben zur Magd kein Wort deshalb gesagt.

Vierzig Tage blieben sie bei uns, denn erst dann galt Maria wieder als rein. Und danach gingen sie mit dem Knaben nach Jerusalem, um ihn, wie es beim ersten Sohn einer Mutter üblich ist, im Tempel zu zeigen. Vierzig Tage. Und wo mögen sie so lange gewesen sein? Nirgends steht es berichtet, so daß jeder annimmt: Im Stall natürlich hat Maria gelegen, vierzig Tage lang, das Kind in der Futterkrippe, und nur die Tiere waren dabei.

Aber das ist nicht die Wahrheit. Sobald ein Raum frei wurde, haben wir ihn Maria und dem Zimmermann Joseph und dem Kind gegeben, und sie haben uns Dank gesagt dafür. Vierzig Tage lang waren sie unsere Gäste, und dann zogen sie davon. Später aber, als Herodes alle Knaben bis zum Alter von zwei Jahren in Bethlehem töten ließ, weil die Sterndeuter ihm gesagt hatten, unter ihnen sei der künftige König Israels, da waren alle in Bethlehem böse auf mich. Weil du sie aufgenommen hast, sagten die Väter und Mütter, die ihre Kinder verloren hatten, ist Unglück über uns gekommen. Schande über dich. Sei verflucht, weil du in deinem Stall einen König zur Welt kommen ließest.

Dabei war alles vorausgesagt in den alten Büchern, es wäre so gekommen mit mir oder ohne mich, weil alle wollen, daß Prophezeiungen sich erfüllen. Sie wollen einen Sohn Gottes auf der Erde. Sie wollen einen König. Aber sie brauchen immer auch einen Bösewicht. Dem fluchen sie in jedem Fall – weil er einem Gott nur einen Stall zu bieten hatte – oder weil er ihm gerade den Stall bot.

Seither bin ich einsam und habe Zeit zum Nachdenken. Ich denke immer über das eine nach: Warum brauchen sie den Bösewicht, wenn sie doch Gott wollen?

Rolf Bielke

ALS ZU WEIHNACHTEN ALL DIE BRÜDER HILFREICH HILFLOS IM SAAL SASSEN

Alle Welt, die sich christlich nennt, hatte schon »Macht hoch die Tür, die Tor macht weit« gesungen. Die vorweihnachtliche Hektik erreichte langsam, aber sicher den Siedepunkt. Für manche Zeitgenossen war das ein Grund zum Stöhnen, andere fühlten sich sichtlich wohl im Weihnachtstrubel; es würde ihnen etwas fehlen, wenn die Vorfreude und Geheimnistuerei nicht wären.

Heute hatte der Bischof alle seine bezahlten Christen zu einer Kirchenkonferenz gerufen. Und sie kamen, die Seelsorger und Würdenträger, die Kirchenbeamten, Sozialarbeiter und Schwestern, die Brüder Hilfreich, die Priester und Leviten. Die geistliche und diakonische Arbeit in den Gemeinden war getan.

Lange stand der Termin dieses weihnachtlichen Beisammenseins bei den einzelnen schon fest. So lag auch kein unter die Räuber Gefallener mehr am Wege, um den sich Sozialarbeiter oder Diakone hätten kümmern müssen. Jeder saß nun bei Kerzenschein im Saal und wollte selbst auftanken für das kommende Christfest. Die Bleistifte waren gespitzt, um gute Gedanken aufzuschreiben, die man für die eigene Weihnachtsansprache verwenden könnte.

Bevor es im Saal zur Ruhe kam, hatte man dem Nachbarn vorgerechnet, daß man schon vier Adventsfeiern hinter sich habe: die für die Frauenhilfe, die für den Mütterkreis, eine im Kindergarten, und besonders schön sei es im Kindergottesdiensthelferkreis gewesen.

Der eigene Musikkreis des Fußvolkes Gottes spielte besinnliche Weisen von Corelli. Man saß mit übereinandergeschlagenen Beinen und war nun dran, sich auch mal bedienen zu lassen. Endlich eine Feier, in der man nicht gefordert wurde.

Vom Bischof wurde ein neuer Pfarrer vorgestellt. Damit man gleich den richtigen Eindruck bekam, sollte er die biblische Besinnung halten. Er tat es, sicher hatte er sich gut vorbereitet.

Der erste Eindruck war gut. »Aha, ein guter Rhetoriker«, mag mancher gedacht haben. Geschickt fiel er nicht gleich mit der Kirche ins Haus, er begann nicht mit einem Bibelspruch. Eine bildhafte Geschichte leitete die Andacht ein. Die Geschichte von dem Esel, der auf Rosen geht. Sie spielte damals noch zur Königszeit im preußischen Halle.

Der König hatte sich zum Besuch angesagt, und die Hallenser hatten die Straßen, durch die der König kommen sollte, geschmückt. Es gab natürlich keine Palmzweige wie im Heiligen Lande, darum streute man Rosen auf den Weg. Das Volk wartete und wartete. Da kam aus der Ferne etwas heran, und als es näher rückte, da sahen alle, daß es ein Müller mit seinem Esel war. Dem Esel machte es nichts aus, auf Rosen zu laufen. Beim Volk gab es viel Gelächter. Der König jedoch war durch ein anderes Stadttor eingezogen.

Nun schlug der junge Pastor seine Bibel auf und verlas die Adventsverheißung aus Sacharja 9: »Du, Tochter Zion, freue dich sehr, und du, Tochter Jerusalem, jauchze! Siehe, dein König kommt zu dir, ein Gerechter und ein Helfer, arm, und er reitet auf einem Esel, auf einem Füllen der Eselin.«

Jetzt sollte die Auslegung beginnen, er rückte sein Konzept auf dem Pult zurecht und wischte mit dem Taschentuch über die Stirn. Da öffnete sich ganz abrupt die Tür des Saales, und es erschien ein bärtiger Mann. O nein, es war kein heiliger Nikolaus und kein Knecht Ruprecht. Man merkte, der Mann hatte Gleichgewichtsstörungen, er schwankte etwas. Unsicheren Schrittes trat er etwas in den Saal hinein, dann verharrte er, nahm seinen faltigen Hut ab, schwenkte ihn mit großer Gebärde und stellte lauthals fest: »Hier bin ich richtig.«

Die Aufmerksamkeit aller Diener der Kirche wandte sich dem Fremdling zu. Der Geistliche setzte wieder zu seiner Rede an, wurde aber bestimmend unterbrochen mit den Worten: »Moment mal, gebt mir jeder zwanzig Pfennig, dann seid ihr mich wieder los.«

Ein graduierter Sozialarbeiter neben mir, ein Fachmann der Nichtseßhaftenhilfe, flüsterte mir zu: »Das ist ja Benno, der Stadtstreicher, wie hat der sich denn hierherverirrt?«

Der junge Pastor wollte nun zu Wort kommen und seine Andacht halten. Mit deutlich gehobener Stimme versuchte er, sich durchzusetzen.

Der Bärtige verstummte kurz, dann schmunzelte er über die frommen Worte des Pastors, der gerade gesagt hatte, daß Jesus nicht als Machthaber mit Prunk und Pracht dieser Welt wiederkomme. Er zitierte den Propheten Sacharja:

»Er kommt unscheinbar wieder.«

Benno hörte gut zu, dann kam deutlich über seine Lippen:

»Das ist ja genauso einer wie ich, also, das könnte mein Kollege sein.«

Das Gesicht des jungen Geistlichen rötete sich. Es war ihm in seiner bisherigen theologischen Laufbahn noch nicht vorgekommen, daß jemand es gewagt hatte, ihn auf der Kanzel zu unterbrechen. Als er jetzt sagte: »Jesus wurde arm geboren und hatte in seinem ganzen Leben keine Stelle, wo er sein Haupt hätte hinbetten können, wir aber haben unsere Existenz auf ihn gegründet«, da sprach der aufmerksame Fremdling und beste Zuhörer im Saal: »Das ist genau wie bei mir, ich weiß auch nicht, wo ich heute nacht schlafe.«

Im Saal wurde es unruhig, man hörte den unterdrückten Ruf eines Kirchenbeamten. »Bringt ihn doch raus, der stört doch nur, er ist ja angetrunken.«

Mein Nachbar meinte, wenn Franz von Assisi oder Vater Bodelschwingh jetzt hier im Saal wären, die würden ihn in die Mitte nehmen und Bruder zu ihm sagen.

Aber es war kein Bodelschwingh und kein Franz von Assisi im Saal, sondern nur alles so hilflose Brüder Hilfreich. Jeder dachte. »Gut, daß ich jetzt keine Verantwortung trage.«

Der junge Pfarrer sprach weiter: »Jesus kommt als Gerechter und als Helfer.«

Benno hatte gute Ohren. Während niemand mehr

dem Pfarrer zuhörte, hörte er. Er wandte sich um, ging mit seinen Augen die Reihen entlang, zeigte dann mit der ausgestreckten Hand auf einen Hausvater der Herberge zur Heimat und rief: »Da sitzt ein Helfer, der heißt Martin.«

Alle hörten auf diesen schlagfertigen Dialogprediger. Dann jedoch war die Andacht plötzlich zu Ende, der Diener Gottes redete zwar weiter, aber die Gedanken aller waren von der eigenen Hilflosigkeit verwirrt. Dem Stadtstreicher Benno fiel eine Bierflasche durch die kaputte Manteltasche zu Boden und zerbrach. Benno sagte: »Schade, mein einziger Trost für heute abend.«

Er blickte sich um, jetzt war es ihm peinlich, daß er im Blickpunkt aller stand, er sagte: »'tschuldigung, will man lieber nicht mehr stören, gehe ja schon, gehöre hier doch nicht dazu.«

Die Tür fiel ins Schloß. Die ganze Hilflosigkeit all der Brüder Hilfreich strömte durch den Saal. Alle hatten die beruhigende geistliche Delikatesse einer weihnachtlichen Stunde nach dem Trubel der letzten Wochen gesucht, hatten gebetet. »Komm, Herr Jesus, sei du unser Gast.«

Jetzt war Jesus in der Gestalt des armen Bruders gekommen. Die Mickrigkeit christlichen Handelns stand beschämend im Gewissen der Sünder. Die selbstgerechten Pharisäer jedoch dachten, man sollte die Tür zu Beginn der Weihnachtsfeier zuschließen, damit keiner unseren Kreis stört.

Marie Luise Kaschnitz

ALLE JAHRE WIEDER

Gestern hat mich der junge Munk besucht. Es war der dritte Adventssonntag, und natürlich kamen wir bald auf Weihnachten zu sprechen und auch auf jenes besondere Weihnachten, das letzte, was der junge Munk in unserer Stadt verlebte. Er war damals elf Jahre alt, und seine Freunde, der kleine Sepp und der große Anton, waren ungefähr ebenso alt, sie gingen alle in dieselbe Klasse, und weil sie auch in demselben Mietshause wohnten, waren sie unzertrennlich, was jedoch nur heißen soll, daß es nach allen Krächen und Schlägereien immer wieder zu einer Versöhnung kam. Ich wohnte in demselben großen Hause, ich kannte die drei Buben und kannte auch ihre Eltern, denen es in den letzten Jahren immer besser gegangen war, so daß sie schon vor jenem besonderen Weihnachten im Sinn hatten, wegzuziehen, in schöne Häuser mit Gärten weit vor der Stadt.

Das Haus, in dem wir lebten, war in mancher Beziehung auch unerfreulich. Es war gleich nach dem zweiten Kriege eilig und aus schlechtem Material erbaut worden, und seine Wände und Decken waren so dünn, daß man aus den Nachbarwohnungen, aber auch von oben und unten alle Geräusche hörte, Stimmen und Schritte, den Staubsauger und das Radio und natürlich auch am Heiligen Abend die Weihnachtslieder und die kleinen Glocken, mit denen man die Kinder zu den Bescherungen rief. Aber diesem Umstand hatte ich es doch zu verdanken, daß ich in jener nun schon Jahre zurückliegenden Christnacht ahnte, warum die drei Buben sofort nach der Bescherung wegliefen und warum sie erst wiederkamen, als die Mitternachtsglokken ausgeläutet hatten. Was sie in der Zwischenzeit gemacht haben, habe ich freilich erst gestern von dem jungen Munk erfahren. Es erschien mir gleich wert, es aufzuschreiben, und das will ich tun, aber langsam mit der Vorgeschichte, die aus lauter erlauschten Weihnachtsabenden besteht. Und am Ende will ich auch sagen, was ich über das alles denke und warum mir die traurige Christnacht der drei Buben gar nicht so traurig erscheint.

Die erlauschten Weihnachtsabende – nun, man muß sich nicht vorstellen, daß sie einander glichen, wie eine silberne Christbaumkugel der anderen gleicht. Ich erinnere mich, daß in den ersten Jahren überall im Hause noch Weihnachtslieder gesungen wurden und daß über vielen unreinen und schwankenden Stimmen immer eine schwebte, die so klang, wie man sich die Stimme eines Engels vorstellt, hell, unbeirrbar und rein. Später dann wurde nicht mehr gesungen, man holte sich die Musik aus dem Rundfunk, unterbrach sie auch und ließ Glocken läuten oder einen Redner reden und unterbrach am Ende auch diesen, um sich zu Tisch zu setzen zu diesen Weihnachtsmählern, die in jeder Festzeit üppiger wurden.

In den folgenden Jahren aber war es auch mit der Radiomusik vorbei. Es wurden von den Kindern keine

Gedichte mehr aufgesagt, die zitternden Töne der Bescherungsglöckchen waren nicht mehr zu vernehmen und auch nicht die Stimme des kleinen Sepp, der früher dazu angehalten worden war, neben dem brennenden Christbaum die Weihnachtsgeschichte aus dem Lukasevangelium vorzulesen. Übrigens zog um diese Zeit auch der Geruch der Christbaumkerzen schon nicht mehr durch das Haus. Die Eltern des großen Anton hatten es überflüssig gefunden, dem Gymnasiasten noch einen Baum zu putzen, und die Eltern des kleinen Sepp hatten ein künstliches Ding gekauft, das sich mit Glühbirnen besteckt im Kreise drehte und dazu »Stille Nacht« spielte, welche Töne man aber auch abstellen konnte und abstellte, schon im zweiten Jahr.

Nur in der Familie Munk gab es noch einen Tannenbaum mit Lichtern. Aber diese Lichter wurden bereits nach fünf Minuten wieder ausgeblasen, weil der Vater des kleinen Munk jetzt sehr nervös war, immer einen Eimer Wasser bereithielt und schon die ganzen fünf Minuten lang mit seiner schrillen Stimme »Ausmachen, ausmachen« rief.

Das waren die Geräusche, die ich hörte oder auch nicht mehr hörte im Laufe der acht Jahre, während derer die Buben heranwuchsen und in die Volksschule und dann in die höhere Schule kamen. Ich hatte mir nie recht klargemacht, was sich da so langsam veränderte, so daß schließlich von Weihnachten fast nichts mehr übrigblieb als ein Tisch voller Geschenke, ein zu fettes Essen und ein unruhiger Schlaf. An dem Abend, von dem ich erzählen will, aber ging ich kurz vor neun Uhr mit meinem Hund noch einmal auf die Straße, und da sah ich das Haus von außen, sah die Eltern Munk in ihrem 220 SE schön angezogen wegfahren, sah den großen Anton in einem kahlen Zimmer allein am Tisch hocken und begegnete an der Ecke den Bekannten, die zu den Eltern des kleinen Sepp zum Kartenspielen kamen. Und ein wenig später sah ich auch die Buben, die sich aus den Fenstern beugten und einander Zeichen machten, und wie sie dann plötzlich alle zusammen aus der Haustüre und die Straße hinunterliefen. Ich hatte da wohl einen Augenblick lang die Absicht, sie zurückzurufen, aber ich tat es nicht. Ich folgte ihnen nur ein paar Schritte weit, und dabei bemerkte ich, daß an der Ecke ein Mädchen sich ihnen anschloß und daß sie dieses Mädchen mit Schimpfworten und sogar mit Schlägen, aber ganz vergeblich, zu vertreiben versuchten.

Wie der junge Munk mir gestern erzählte, hatte er dieses Mädchen schon vorher gekannt. Er hatte es des öfteren an der Getränkebude getroffen, wo er für seinen Vater Bier holte. Es hatte dort auf einem niedrigen Mäuerchen seltsame Tanzschritte gemacht und dazu so unzusammenhängende Worte gemurmelt, daß er es für schwachsinnig hielt. An jenem Abend nun hatte es ihm dann doch gewinkt und so getan, als habe es ihm Wichtiges mitzuteilen, und darum war der junge Munk es gewesen, der das Mädchen am lautesten angeschrien und sogar geschlagen hatte. Aber dann hatte er sich schließlich nur an die Stirne getippt und hatte das Kind mitlaufen lassen, weil an diesem Weihnachtsabend ja doch schon alles verdorben und nichts mehr zu retten war.

Denn was ist noch zu retten, wenn man, wie Munk, von einer zügellosen und später nicht mehr begreiflichen Vorfreude erfüllt, den Vater im Nebenzimmer höhnisch sagen hört: Alle Jahre wieder, und, könnte auch einmal ausfallen, dieses blödsinnige Weihnachten, alle zwei Jahre wäre genug. Und was ist noch zu retten, wenn Eltern wie die des Anton nicht einmal an diesem Abend Frieden halten können, sondern sich die schlimmsten Vorwürfe machen und schließlich beieinander hocken, verbissen und stumm. Und was ist noch zu retten, wenn, wie in der Wohnung des kleinen Sepp, das Weihnachtszimmer voll fremder Leute sitzt, die Karten spielen und sich Witze erzählen, und nicht einmal die Schienen kann man zusammenstecken, und der kleine schäbige Engel, den man geliebt hat, hängt auch nicht mehr am Baum. Da muß man doch einfach weglaufen und gar nichts mitnehmen als ein paar uralte Murmeln, und das taten die drei Jungen auch und gingen mit ihren Murmeln an einen Ort, den sie kannten, auf ein großes, noch unbebautes Grundstück am Rande der Stadt. Dort versuchten sie noch einmal, das Mädchen loszuwerden, indem sie es mit feuchten Erdbrocken bewarfen. Aber das Mädchen blieb trotzdem stehen, wiegte eine aus Stroh geflochtene Puppe und murmelte etwas, das wie Wurmsturmstirnstern, also völlig unsinnig klang.

Es war da draußen ziemlich dunkel, kein Schnee, warme Luft und leise Schritte überall, auch gegen den Park und die Schrebergärten hin, so, als seien viele Kinder an diesem Abend unterwegs. Die Jungen auf dem mit Gras überwachsenen und teilweise schon aufge-

grabenen Grundstück fingen an zu spielen, sie spielten
mit ihren ganz gewöhnlichen blaugrauen und braunen
Murmeln, die sie von einem Grashügel in ein Loch laufen ließen, in dem ein wenig schwarzes Wasser stand.
Munk war nicht ganz bei der Sache, er hätte gern erzählt, was er seinen Vater hatte sagen hören, und den
Sepp gefragt, ob so etwas überhaupt möglich wäre;
aber er genierte sich vor dem großen Anton, dessen Eltern aus der Kirche ausgetreten waren und der zweimal
in der Woche ausschlafen durfte, weil er nicht in die
Religionsstunde ging.

Plötzlich lief eine Murmel den Hügel herunter, die
anders aussah als die übrigen, größer, glasklar, mit etwas Weißem mittendrin. Munk stürzte hin und holte
sie heraus, das Weiße in der Mitte war ein winziges
Lamm mit einem Fähnchen aus gelbem Metall. Munk
schrie den Weihnachtsgeschichtenvorleser an, woher
hast du die, seit wann hast du die, aber es stellte sich
heraus, daß die Kugel dem großen Anton gehörte, der
sie bereits vor Monaten von einem katholischen Jungen eingehandelt hatte. Dämlich, sagte Munk, ein
Schaf mit einer Fahne, und der Sepp sagte nur, das ist
das Lamm Gottes, und gab die Riesenmurmel dem
großen Anton zurück. Munk ließ auch diese Gelegenheit zu fragen vorübergehen, er behielt nur alle Fenster
am Stadtrande im Auge, einige waren schon dunkel, einige hell, aber von ganz gewöhnlichem elektrischem
Licht.

Der große Anton sah auf seine Uhr, legte den Kopf
in den Nacken und sagte, Explorer 205, und schon sahen sie das leuchtende Pünktchen zwischen Wolken-

fetzen hinziehen und fingen an, sich darüber zu streiten, zum wievielten Male der kleine Satellit die Erde umkreiste. Das Mädchen klatschte in die Hände und rief: gehtaufgehtuntergehtabgehtschief, bis ihm die Buben mit Prügel drohten. Danach schlug eine Turmuhr zehnmal, und der kleine Munk verkroch sich hinter einem Busch, weil sein Gesicht plötzlich naß und salzig war. Ein paar Tropfen fielen auch vom Himmel, und das Mädchen winkte, es schien sich hier auszukennen, es führte die Jungen zu einer halbverfallenen Bretterhütte, die als Geräteschuppen diente.

Der große Anton lief in die Hütte, steckte den Kopf zum Fenster heraus und schrie Muh Muh, was die anderen nicht ruhen ließ, so daß sie nun alle mit Muh und Bäh und I-A einen gewaltigen Lärm vollführten.

Das Mädchen hatte sich in der Hütte auf einen Holzklotz gesetzt und wiegte da töricht lachend seine Strohpuppe, und der große Anton schlich hin, zog seine Stablaterne heraus und leuchtete ihm ins Gesicht. Munk überlegte, was sie jetzt tun können, nach Hause auf keinen Fall, lieber noch weiter fort, und es fielen ihm nur lauter schlimme Dinge ein, von der Autobahnbrücke Steine auf die unten hinrollenden Wagen fallen lassen, eine große Schaufensterscheibe einwerfen, den blöden Strohwisch verbrennen, den das Mädchen da schaukelt wie ein lebendiges Kind. Mit bösen Augen und verkniffenem Mund kroch er an die Tür und wollte seine Vorschläge machen, da sagte der Sepp ganz ruhig, das waren die Tiere, jetzt kommen die Hirten, zog sich die Jacke wie eine Kapuze über den Kopf, ging zu dem Mädchen hinein und beugte vor ihm das Knie.

Du bist wohl verrückt, schrie der große Anton, und Munk dachte, verrückt, verrückt, und machte dem Sepp schon alles nach, weil er sich plötzlich an die Krippe erinnerte, die früher unter dem Weihnachtsbaum gestanden hatte, aber schon lange nicht mehr, weil den Eltern das Aufbauen zu mühsam geworden war. Der große Anton natürlich tat nichts dergleichen, er ließ noch immer seinen Lichtstrahl wandern, nur manierlicher jetzt, so daß das Mädchen nicht mehr geblendet wurde und wieder sanft und ein wenig irre lächeln konnte. Aber dann knipste Anton seine Laterne mit einemmal aus und sagte streng, was soll der Quatsch, und gerade in diesem Augenblick dröhnte das Nachtflugzeug nach Irland über die Hütte hin.

Es ist die Weihnachtsgeschichte, sagte der Sepp, als sie wieder miteinander reden konnten, und fing schon an, sie zu erzählen, aber nicht in dem alten Wortlaut, den er doch auswendig wissen mußte, sondern ganz anders, grausam und hart.

Da war die Heilige Nacht sehr dunkel und sehr kalt, der Joseph war ein hilfloser Alter, und die schwangere Maria war sehr verzagt. Der Stern funkelte höchst unheimlich, und der erste Schrei, den das Jesuskind tat, war ein Schrei der Angst. Die Hirten kamen aus bloßer Neugierde, und die drei Könige aus dem Morgenland saßen vor dem Stall und überlegten sich, warum sie eigentlich diese weite Reise gemacht hatten.

Aber dann, sagte der Sepp, schlug das Kind die Augen auf. Na und, fragte der große Anton und setzte sich auf die Schwelle der Hütte, und die beiden anderen Jungen setzten sich neben ihn, so daß sie nun da im

Finsteren hockten wie die alten ratlosen Könige, nur daß kein Kind da war und kein besonderer Stern. Was war dann, fragte der große Anton noch einmal und nicht höhnisch, sondern so, als läge ihm etwas daran, eine Antwort zu bekommen.

Da war die Freude, sagte Munk, und da war die Liebe, sagte Sepp, und weil sie das eigentlich gar nicht hatten sagen wollen, vielmehr etwas aus ihnen heraus gesprochen hatte, eine alte Menschenerinnerung, schämten sie sich so furchtbar, daß sie anfingen, mit kleinen Stöcken um sich zu werfen und einander mit Füßen zu treten.

Wieso, warum, fragte der große Anton, und nun sollten sie erklären, was sie gesagt hatten, und konnten es nicht. Darum wurde es plötzlich ganz still vor der Hütte, nur daß drinnen das Mädchen die Worte aufgeschnappt hatte und sie vor sich hin plapperte. Freudeliebefreudeliebefreudeliebe, das war wieder zum Verrücktwerden und klang doch auch ganz schön, wie eine Glocke oder wie ein Gedicht. Halts Maul, schrien die Jungen alle zugleich, aber sie konnten nicht helfen, daß sie plötzlich guter Dinge waren und auf dem Hügel wie die Geißen herumsprangen. Und als das Mädchen jetzt erschrocken zu weinen anfing, wühlten sie in ihren Hosentaschen und förderten etwas zutage, das sie dem Mädchen zum Geschenk hinwarfen, der Sepp eine Rolle Bindfaden und der Munk eine Streichholzschachtel mit einem Sternbild darauf. Der große Anton zog sogar seine Riesenmurmel heraus, die mit dem Schäfchen, das seltsamerweise Lamm Gottes hieß. Da, sagte er unfreundlich und gab sie dem Mädchen, das gierig seine Finger um die glasklare Kugel schloß. In diesem Augenblick aber fuhren alle Kinder zusammen, weil es jetzt zu läuten anfing, und zwar sehr heftig und von allen Türmen der Stadt.

Natürlich habe ich dieses Mitternachtsläuten auch gehört. Ich bin auch zusammengefahren, und zuerst habe ich mich sogar geärgert, weil diese neuen elektrisch betriebenen Glocken einen Lärm vollführten, der erschreckend und schon beinahe gesundheitsschädlich ist. Aber dann war ich ganz zufrieden, weil ich mir plötzlich einbildete, daß es gerade diesen lauten, heftigen Glocken gelingen würde, die weggelaufenen Kinder heimzurufen in die Stadt.

Ich hatte da nämlich schon eine ganze Weile am Fenster gestanden und nach den drei Buben Ausschau gehalten, und vor etwa einer Viertelstunde waren die Eltern, alle drei Elternpaare, aus dem Haus gekommen, um dasselbe zu tun. Sie hatten sich dabei laut und aufgeregt unterhalten, und aus ihren Stimmen hatte Angst geklungen, aber keine Einsicht, weswegen es dann auch, als die Kinder bald nach dem letzten Glockenschlag auftauchten, ein großes Gezeter gab. Die Jungen widersprachen nicht und heulten auch nicht. Freundlich lächelnd und so, als ginge sie das alles gar nichts an, standen sie unter der Laterne und gingen am Ende ganz folgsam mit ihren Eltern ins Haus. Ich sah ihnen nach, und obwohl ich doch damals noch gar nicht wissen konnte, wie sie diese Stunden verbracht hatten, taten sie mir nicht mehr leid.

Ich muß wohl damals schon geahnt haben, was ich seit gestern weiß, nämlich daß die Kinder an jenem

Abend ihr Weihnachten selbst gefunden hatten – das richtige, mit dem es nie zu Ende sein kann, weil Freude und Liebe immer neu geboren werden, solange es Menschen gibt.

Ursula Koch

WEIHNACHTSFEIER

Ein paar Tage vor Weihnachten sitzen wir in Michel Kabrés Hof zusammen: die Mitarbeiter des Collége Protestant, Christen aus fünf Ländern und drei Kontinenten. Die Amerikaner gehören einer anderen Kirche an als die Franzosen, wir Deutsche haben unser eigenes theologisches Erbe ... aber für die afrikanischen Mitarbeiter ist das kein Problem. Beten wir nicht miteinander?

Und heute feiern wir Weihnachten. Es ist die kühlste und angenehmste Zeit des Jahres. Weil am Abend nur noch 25 °C sind, suche ich mir eine Strickjacke heraus, die viele Monate unbenutzt im Fach lag. Meine Finger gleiten über die warme, schwere Wolle, und ich versuche mich zu erinnern: Pullover, Strümpfe, Wintermantel ...

Doch bald ist es mir in der Jacke zu warm. Sie bleibt über der Stuhllehne hängen, während ich mich abmühe, meinen Teller auf dem Schoß zu balancieren.

Ein Festessen. Wir genießen es. Die Luft ist so frisch. Über dem Baum, der in der Mitte des Hofes steht, geht der Vollmond auf. Er macht jedes künstliche Licht überflüssig. Wir sehen mit einiger Mühe, was wir auf dem Teller haben.

Alle haben zusammengelegt, und wir Frauen – weiße Frauen und schwarze Frauen – haben gemeinsam gekocht. An manches wage ich mich nicht heran: Die Därme in der fetten Soße sind von anderen zubereitet worden. Aber den Salat durfte ich anrichten. Ob er wohl schmeckt?

Ein zähes Stück Hammelfleisch mit riesigem Aluminiumbesteck auf dem Schoß zu zerlegen, ist nicht ganz einfach. Ich freue mich über jeden Bissen, den ich in den Mund schieben kann, denn das Fleisch ist pikant gewürzt, und ich habe Appetit. Der Reis ist kalt – wie immer. Auf dem Sand unter meinem Klappstuhl steht die Flasche Cola, aus der ich trinke.

Ziemlich rasch sind die Schüsseln leer, alle Reste packen unsere afrikanischen Kollegen ein – für die Großfamilie zu Hause. Was heruntergefallen ist, vertilgen die Hunde, die aus der ganzen Nachbarschaft zusammengekommen sind.

Und nun beginnt der Tanz.

Die Frauen stehen als erste auf. Sie klatschen in die Hände, singen und schreiten in einer langen Reihe um den Tisch, auf dem noch allerlei Töpfe und Schüsseln stehen. Die Männer schließen sich an.

Direktor Kabré nimmt eine leere Colaflasche und eine Gabel, schlägt den Rhythmus und reiht sich ein.

Wir verstehen nicht, was sie singen. Das ist ihre

Sprache, die Sprache ihrer Mütter und Ahnen. Aber wir verstehen, daß sie sich freuen. Sie danken. Sie jubeln mit dem ganzen Körper und bewegen sich dabei anmutig und gemessen, in strenger Ordnung und mit leichten Füßen. Einer nach dem anderen findet seinen Platz, die Neuankömmlinge – wie wir – noch ein wenig zaghaft. Aber niemand schaut danach, wie wir die Füße setzen. Sie singen: »Wennam nonga duniya faa / wennam nonga tondo . . . – Also hat Gott die Welt geliebt, daß er seinen eingeborenen Sohn gab, auf daß alle, die an ihn glauben, nicht verloren werden, sondern das ewige Leben haben« (Johannes 3,16).

Es wird Weihnachten – auch in Ouagadougou.

Manfred Hausmann

DAS HIRTENGESPRÄCH

Als die drei Hirten ihre Gesichter wieder zu erheben wagten, nahmen sie, hoch oben in den Wolken stiebenden Schnees, noch einen wunderbaren Glanz wahr, der kleiner und kleiner wurde und schließlich nur noch wie der ungewisse Schimmer eines verhüllten Sterns aussah. Es war ihnen auch, als hörten sie noch einen fernen Hall des Lobgesangs, den die Engel gesagt hatten. Aber nun erlosch der Schimmer ganz, und auch der Hall verstummte.

Die Nacht herrschte wieder um sie her, die lichtlose, schweigende Winternacht. Sie konnten die Schneeflocken nicht erkennen, sie fühlten nur, daß sich unablässig etwas Weiches, Kühles auf ihre Wimpern und Wangen senkte.

Der Junge, der fast noch ein Knabe war, stand zuerst auf. »Kommt!« rief er mit seiner hellen erregten Stimme. »Kommt, wir wollen gleich hingehen!«

Er schob die Kapuze seines wollenen Umhanges, die beim Niederstürzen nach hinten gerutscht war, wieder über seinen Kopf und faßte den Alten, der neben ihm im Schnee kniete, unter die Achseln. Als es ihm gelang, ihn aufzuheben, lief er zu dem Dritten mit dem zottigen Fellmantel, der sich gerade schwerfällig auf die Beine stellte, und versuchte, ihn mit sich zu ziehen.

»Nur langsam«, sagte der mit dem Mantel. »Jetzt müssen wir uns erst einmal bedenken.« Er wandte sich zu dem Alten:

»Steh auf! Es ist vorbei. Was war das denn? Hast du es auch gesehen?«

Der Alte hielt das Gesicht noch immer den Wolken zugewandt, in denen die leuchtenden Heerscharen verschwunden waren.

»Friede auf Erden!« stammelte er. »Habt ihr das auch gehört? Denn euch ist heute der Heiland geboren. Habt ihr das auch gehört?«

»Ja«, sagte der mit dem Mantel, »so ähnlich habe ich es auch gehört.«

»Ich auch«, rief der Knabe, »genau so.«

»Sei still!« sagte der mit dem Mantel. »Es war also nicht geträumt? Merkwürdig.«

»Wir können ja hingehen und nachschauen, ob wirklich ein Kind in der Krippe liegt. Kommt doch! Steh doch auf!« Der Knabe bemühte sich wieder um den Alten, der die Hand auf den Boden stützte und sich mit der anderen am Arm des Knaben hochzog.

Nachdem er mit ein paar humpelnden Schritten die Steifheit aus seinen Knien vertrieben hatte, reckte er sich und schüttelte durch Aufstampfen den Schnee von seinen Beinen. »Ja«, sagte er, »wir wollen hingehen.« Sie machten sich auf den Weg.

»Friede auf Erden!« sagte der mit dem Mantel nach einer Weile.

»Ich glaube es nicht. Sie können es ja nicht lassen. Soweit ich mich auch zurückbesinne, immer ist Krieg gewesen unter den Königreichen. Und immer haben Räuber an den Straßen gelagert. Und immer sind Diebe des Nachts umhergegangen. Und immer haben die Schlauen den Einfältigen das Fell über die Ohren gezogen. Und immer haben die Mächtigen auf den Schwachen herumgetreten. Und immer hat der Bruder den Bruder verraten. Und immer hat der Wolf das Lamm gerissen und der Löwe die Hunde. Und immer hat ein Baum dem anderen das Licht genommen und die Kraft des Bodens. Und immer ist die Mißgunst umgegangen und der Ehebruch und die Verleumdung und die Gier. Wie soll das Friede auf Erden sein?«

Sie gingen nebeneinander her.

»Es wäre freilich schön«, fügte er hinzu, wenn weit und breit der Friede waltete und die Freundlichkeit. Nicht auszudenken, wie schön es wäre. Aber ich glaube nicht daran. Es ist unmöglich. Ich kenne die Welt.«

Das Gewölk hatte sich im Westen vom Horizont abgelöst. Dort zeigten sich einige Sterne. Es schneite auch nicht mehr. In dem dämmerigen Sternenlicht konnte man erkennen, daß dem Alten, der den eingebeulten Filzhut trug, ein weißer Bart ums Kinn wuchs und dem mit dem Mantel ein schwarzer. Über die Stirn des Knaben, der den vorderen Rand seiner Kapuze hochgeschlagen hatte, hing eine helle Haarsträhne.

Der Alte blieb stehen, atmete tief aus und ging wieder weiter. »So haben sie es auch nicht verkündet«, sagte er langsam, »daß ohne weiteres Friede sein würde. So nicht. Am Anfang ihres Lobgesangs haben sie etwas anderes verkündet. Ehre sei Gott in der Höhe, haben sie am Anfang verkündet. Und dann erst haben sie das vom Frieden gesungen.«

»Ja«, sagte der Knabe, »so war es auch. Ich weiß es ganz sicher.«

»Du mußt nicht soviel dazwischenreden«, brummte der mit dem Mantel, »wenn ältere Leute sich unterhalten.«

Der Knabe schnaufte unwillig und schaufelte im Weitergehen bei jedem Schritt mit seinem Fellschuh den Schnee zur Seite.

»Und das habe ich so verstanden«, fuhr der Alte fort, »daß erst dann der Friede in die wilden und ruhelosen Herzen der Menschen kommt, wenn sie eingedenk sind, daß ein gewaltiger Gott über aller Welt ist, dem Lobgesang und Ehre und Anbetung gebührt. Wo Gott geehrt wird, da ist Friede. Und sonst nirgends und nie.«

Der Knabe, der etwas zurückgeblieben war, gesellte sich laufend den anderen wieder zu und faßte nach der Hand des Alten. »Warum liegt das Kind denn in einer Krippe? Hat es denn kein Bett und nichts?«

»Es ist schwer zu verstehen. Ich weiß es auch nicht. Alles ist so schwer zu verstehen.«

»Wenn es ein König über allen Königen ist, warum wohnt es dann nicht . . .?«

»Du sollst still sein, habe ich dir gesagt!« Diesmal war es der mit dem Mantel, der stehenblieb. Der Alte und der Knabe blieben gleichfalls stehen. Ihre Augen glitzerten im Sternenlicht. Das verschneite Land lag schweigend da. Nichts war zu hören als die Atemzüge der Menschen. Da beugte sich der mit dem Mantel gegen den Alten und flüsterte: »Ich kann mich nicht dagegen wehren, ich muß es immer wieder denken.«

»Was?«

»Du etwa nicht? Mußt du es nie denken? Auch nicht, wenn du nachts wach liegst und ganz mit dir allein bist?«

»Ich weiß doch nicht, was du meinst.«

»Geh du nur schon voraus«, sagte der mit dem Mantel zu dem Knaben. »Wir kommen gleich nach.«

»Och, warum denn?«

»Geh«, sagte der Alte.

Mit schlürfenden Schritten setzte der Knabe sich in Bewegung, blieb jedoch gleich darauf stehen und sah sich um. Der Alte winkte ihm zu, er sollte weitergehen. Dann stellte er sich dicht neben den mit dem Mantel und wartete.

»Denkst du nie«, flüsterte der andere, »daß es ihn überhaupt nicht gibt? Hast du nie Angst?«

»Es gibt ihn aber.«

»Denkst du nie, daß wir ganz verlassen und verloren in der Welt leben und daß alles ganz sinnlos ist?«

»Doch«, antwortete der Alte leise, »manchmal denke ich es auch. Aber es gibt ihn.«

»Woher willst du das wissen?«

»Er hat sich mit den Erzvätern unterredet und hat den prophetischen Männern seine Sprache verliehen.«

»Die Erzväter und die Propheten sind schon lange tot. Wer kann sagen, ob es wahr ist? Vielleicht haben sie Gesichte gehabt, oder sie haben's geträumt, oder es ist ihnen gekommen wie eine Sage.«

»Aber die Welt ist doch vorhanden. Wer soll denn die Welt gemacht haben, wenn nicht er?«

»Und wenn die Welt schon von Ewigkeit her gewesen ist?«

»Von Ewigkeit her ist niemand und nichts außer ihm.«

»Du sagst, er sei von Ewigkeit her. Und ich sage, die Welt sei von Ewigkeit her. Warum sollen meine Worte falsch sein und deine richtig?«

»Und der Niedersturz und die Auffahrt der leuchtenden Heerscharen vorhin?«

»Vielleicht war es wiederum nur ein Traum und Gesicht.«

»Und das Kind in der Krippe?«

»Wie kann ein Kind, das in einem Stall zur Welt kommt, der Heiland sein? Wie kann ein Armutskind die Macht haben, die Menschheit zu erretten?«

»Ja, es ist alles so schwer zu verstehen. Komm, wir wollen weiter!«

Der verschneite Weg führte auf einen Hügel hinauf, dessen langgestreckter Rücken mit Wald bedeckt war. Dort, wo der Weg in den Wald tauchte, wartete der Knabe auf die beiden. Sie stapften hintereinander her, zuerst der mit dem Mantel, dann der Alte und als letzter der Knabe. Einmal rutschte der Alte auf einer Wurzel aus, die unter dem Schnee verborgen lag. Aber der Knabe fing ihn auf und stützte ihn.

»Sollst auch bedankt sein«, sagte der Alte und ging weiter.

»Wißt ihr was?« rief der Knabe. »Ich kann überhaupt nicht verstehen, was die Engel sich dabei gedacht haben.«

Die beiden Männer vor ihm setzten wortlos ihren Weg fort. »Wir sind doch nichts Besonderes, ihr nicht und ich schon gar nicht, wir sind doch nur Hirten und kleine Leute. Warum haben sie denn gerade uns die Geburt des Heilands verkündet? Da gibt es doch ganz andere auf der Welt, großmächtige Könige und Kaiser, ach du liebe Zeit! Und dann kommen sie zu uns mit ihrem wunderbaren Gesang und Geleuchte, zu mir sogar? Ich kann mir nicht denken, daß es mit rechten Dingen zugegangen ist.«

»Nichts geht heute nacht mit rechten Dingen zu«, sagte der Alte mehr zu sich selbst als zu dem Knaben.

»Es ist so schwer zu verstehen, alles. Der Herr des Himmels und der Erde wird ein Kind. Das Licht der Welt liegt in einem dunklen Stall. Die Allmacht verkehrt sich in Hilflosigkeit. Der die Welt erretten will, wird von einer Menschenmutter gewiegt. Der Überwinder des Todes bekleidet sich mit Sterblichkeit. Und uns, die wir keine Würde haben und keine Hoheit, uns geschieht die Botschaft vor allen anderen. Das mag fassen, wer will, ich kann es nicht.«

Der mit dem Mantel drehte sich im Gehen um: »Du sollst sehen, es bleibt alles, wie es war. Wir haben keine Tröstung und keine Hilfe zu erwarten. So war es, so ist es, und so wird es sein.«

»Warum gehst du dann mit uns?« fragte die helle Stimme des Knaben.

»Wenn du es so genau weißt, daß wir den Heiland nicht finden werden, dann konntest du ja auch bei den Schafen bleiben.«

»Er geht mit uns«, sagte der Alte laut, »weil sein Hoffen stärker ist als sein Wissen.«

Der mit dem Mantel antwortete nicht. Er bückte sich und kroch unter einem tief hängenden Fichtenzweig hindurch. Nach ihm bückten die beiden anderen sich auch. Sie mußten sich noch mehrere Male bücken. Dann verließ der Weg das Fichtendickicht und schlängelte sich unter hochstämmigen Buchen hin.

Es wurde etwas heller.

Der Knabe hielt sich neben dem Alten, seine Schuhe wühlten rauschend das Laub auf, das unter dem Schnee lag.

Nach einiger Zeit streckte der Alte seine Hand aus

und berührte die Schulter des vor ihm Gehenden. »Hör zu!« sagte er. »Ich weiß es jetzt.«

Der mit dem Mantel drehe sich langsam um. Gleichzeitig verstummte das Blätterrauschen. Der Knabe und der mit dem Mantel sahen den Alten erwartungsvoll an.

»Hm«, sagte der Alte noch einmal. »Hm.« Dann schwieg er. Es war totenstill im Walde. Kein Windhauch ging. Kein Zweig bewegte sich.

»Was weißt du jetzt?« fragte der mit dem Mantel.

»Daß er es ist«, sagte der Alte. »Du zweifelst daran, daß er sich den Erzvätern und den Propheten offenbar gemacht hat. Aber nun ist er selbst gekommen, unbezweifelbar, der Jenseitige in unsere Irdischkeit, der Ewige in die Zeit, der Unendliche in die Endlichkeit, der Unsichtbare in die Sichtbarkeit. Nun gibt es kein Ausweichen mehr, nun ist er ganz offenbar geworden in seinem Geheimnis, er selbst. Wenn ich das bedenke, dann steht mir das Herz still vor Entsetzen. Es ist ja etwas Ungeheuerliches. Wir begreifen es ja auch nicht mit unserem Menschensinn. Denn wenn der verborgene Gott sich offenbart, dann muß sich alles anders vollziehen, als wir es uns vorgestellt haben. Vollständig anders. Darum kein Fürst mit Krone und Purpur, sondern ein Kindlein. Darum kein Glanz und Gloria, sondern eine Nacht, kein Palast, sondern der Stall, kein Thron, sondern die Krippe, keine Diamanten und Goldreifen, sondern Armut, keine Heeresmacht, sondern Hilflosigkeit. Und darum die Verkündigung nicht an die Großen der Erde, sondern an uns. Mit einem Male weiß ich es, weil alles so unbegreiflich geschieht, ist er es. Und da er es ist, will er uns retten von Tod und Sinnlosigkeit und Angst und Einsamkeit. Kommt, wir müssen zu ihm! Wenn wir vor der Krippe knien und dem Kindlein unser ganzes Wesen dargeben in Anbetung, dann brauchen wir keine Angst mehr zu haben! Jetzt nicht und nie mehr.«

Er ging entschlossen voraus. Hinter ihm schlurfte der Knabe bald rechts, bald links vom Weg durch das Laub. Der mit dem Mantel folgte in einigem Abstand. Er murmelte etwas vor sich hin, schwieg und murmelte von neuem. Dann schritt er schneller aus. Als er den Knaben überholte, gebot er ihm, er solle auf den Weg gehen, und hielt sich dann dicht hinter dem Alten.

»Du«, sagte er, »uns retten von Tod und Sinnlosigkeit ... warum sollte er das wohl tun? Wenn ich in mich hineinsehe, so richtig bis in mein Geheimstes und Allerinnerstes, dann erkenne ich, daß es sich nicht lohnt, mich zu retten. Was will er denn mit mir? Was will er denn mit einem, der ihn Tag für Tag verraten hat, dem je und je seine eigenen Angelegenheiten wichtiger gewesen sind als Gottes Angelegenheiten, dessen schlechter Wille immer eine größere Gewalt hat als sein guter Wille und dessen guter Wille zuletzt, ganz zuletzt, auch nur die eigene Erhöhung und Erlustigung betrieben hat, der seine Menschenmacht wieder und wieder über die Allmacht gestellt hat, der allerwege und allerenden so beschaffen ist, daß es kein tieferes Grauen für ihn gibt, als sich selbst zu erforschen, der sich jedoch noch immer mit der Vorspiegelung getröstet hat, zuweilen leicht und zuweilen widerstrebend, es sei mit den anderen nicht besser bestellt als mit ihm; was will Gott denn mit so einem Abtrünnigen? Und was will er mit dem ganzen Menschengeschlecht? Denn es ist wohl keine Vorspiegelung, daß die anderen nicht besser sind als ich, es ist die Wahrheit. Aber keine tröstliche, sondern eine schreckliche Wahrheit. Und wohin du sonst blickst in der ganzen Schöpfung, es ist überall das gleiche: die Vögel unter dem Himmel, die Fische und Ungeheuer in der See, das Getier in den Wäldern, die Gräser am Wege, alle sind in Mord und Sünde und Traurigkeit verstrickt und lassen nicht ab davon, nicht einen Tag, nicht eine Stunde. Warum sollte er sie retten von Tod und Sinnlosigkeit, da sie überdies nicht einmal danach begehren, gerettet zu werden? Warum?«

Er schwieg. Nach einigen Schritten sagte er: »Hast du meine Worte gehört?«

Der Alte nickte im Weitergehen, antwortete aber nicht. Dagegen rief der Knabe, nachdem er, zweimal sich zur Seite beugend, an dem mit dem Mantel vorbei nach dem Alten gesehen und auf seine Erwiderung gewartet hatte: »Aber er hat doch alles erschaffen, die Menschen und die Tiere und das Gras.«

Der mit dem Mantel wandte sich halb um und bedeutete ihm mit seitwärts winkender Hand, er möge sich bescheiden. »Und die schönen Sterne auch«, fügte der Knabe mit einem kleinen Trotz hinzu.

Aber der Alte antwortete noch immer nicht.

Vor ihnen zeigte sich eine zarte Dämmerung zwischen den Stämmen. Es dauerte nicht lange, da traten sie aus dem Wald heraus.

Der Himmel war fast bis zur Scheitelhöhe frei von Wolken. Klar und still funkelten die Sternbilder über dem verschneiten Land. Mit leicht gewelltem Gefälle senkte sich der Hügel herab. Unten im Tal lagen schattenhaft die Häuser des Dorfes, in dem das heilige Kind geboren sein sollte. An zwei Stellen flimmerte ein rötliches Licht. Hinter dem Dorf hob sich das Gelände wieder, ein dunkler Wald begann, der sich schräg über den Gipfel des jenseitigen Hügels zog. Dahinter stieg ein Berg auf, dessen breiter Rücken sich bis zum Horizont dehnte, wo er in dem Kältedunst zwischen Erde und Himmel verging. Auch zur Rechten und zur Linken wogten in der Ferne weiche Berge und Wälder unter den Sternen. Die drei Hirten blieben stehen und schauten auf die ruhende Welt.

Wie ein feiner, silbriger Rauch wehte die Milchstraße empor, teilte sich, schloß sich wieder zusammen und wehte über sie hin.

»Jawohl«, sagte der Alte, »er hat alles erschaffen. Auch dies hier hat er erschaffen, und er hat den Lauf des Mondes erschaffen und die Gestalt der Bäume und das Lied des Regens und das duftende Laub und den Schrei des wilden Adlers über den Wolken und den herrlichen Aufgang der Sonne und den süßen Geschmack der Weinbeere und das Rotkehlchen mit seinen sanften Augen und dem goldenen Dampf über den Roggenfeldern und die Urkraft des Donners. Und zuletzt hat er den Menschen erschaffen mit Sprache und Gesang und vielfältigen Gedanken. Und alles war gut, was er geschaffen hat. Aber es ist verderbt worden vor der Zeit durch den Fall des Menschen. Und mit ihm ist die ganze Schöpfung gefallen. Und doch ist es Gottes Schöpfung geblieben. Auch der Mensch, der gebildet wurde, daß er Gottes Ebenbild sei, es aber nicht vermochte, auch der Mensch ist Gottes Geschöpf geblieben. Manchmal begehrt er es sehr, o über die Maßen sehr! Manchmal mißachtet er die Wahrheit, aber manchmal verzehrt er sich auch nach ihr und nach der Schönheit und nach der Liebe, welche alle bei Gott sind. Manchmal hängt er der Macht an, alles an sich zu reißen, was nicht sein ist. Aber manchmal erhebt's sich auch in ihm, daß er keine größere Seligkeit kennt, als zu geben, und gibt sich selbst dahin. Ich kenne Gottes Ratschluß nicht, und du kennst ihn auch nicht, und kein Mensch kennt ihn. Aber wenn ich es vermöchte, ich würde die Menschen erretten aus ihrem Fall und die übrige Schöpfung mit ihnen. Warum sollte Gott, dessen Wissen um die Menschen und dessen Erbarmen eine Unendlichkeit größer ist als meines, es nicht auch wollen?«

Als er geendet hatte, war die Stille noch tiefer als zuvor. Sie standen schweigend da. Eine Sternschnuppe schoß über den Himmel, verlangsamte ihren Lauf und zersprang lautlos in grüne Funken, die schnell erloschen. Irgendwo im Walde rutschte eine Last Schnee von einem Zweig und schlug dumpf auf den Grund.

Da konnte der Knabe es nicht länger aushalten. Er legte seinen Arm um den Alten und sagte dringend: »Komm!«

»Ja«, sagte der Alte.

Sie gingen den Hügel hinunter auf das Dorf zu.

Ursula Imhof

»FINSTERNIS WEICHET«

Schwer atmend stieg die Frau die Treppe zu ihrer Wohnung hinauf. In einer Hand trug sie ihre Einkaufstasche, die heute – einen Tag vor dem Heiligen Abend – praller als sonst gefüllt war. Mit der anderen zog sie sich mühsam am Treppengeländer hoch.

Ein paar Kinder, die auch in dem großen Haus wohnten, liefen leichtfüßig und fröhlich lachend an ihr vorbei, ohne sie zu beachten. Die alte Frau blieb stehen und sah ihnen neiderfüllt nach.

»Ihr habt es gut«, dachte sie bitter. »Ihr könnt euch noch so gut bewegen, habt eine Familie und was ihr sonst noch so braucht. Ihr könnt euch auf das Weihnachtsfest freuen, aber ich . . . ich alte Frau . . .? Wozu bin ich überhaupt noch da: Für mich ist doch alles nur eine Last.«

Die alte Frau mochte Kinder nicht. Sie waren laut, schlecht erzogen und brachten nur alles in Unordnung. Eigentlich mochte die ~~alte~~ Frau überhaupt keinen Menschen, nicht einmal sich selbst. Und dabei hatte es eine Zeit gegeben, da war sie selbst Teil einer glücklichen Familie gewesen, hatte mit ihren Kindern gelacht, gesungen und voller Wonne die vorweihnachtliche Geheimniskrämerei genossen. Sie hatte ihren Kindern die Geschichte von dem neugeborenen Kind im Stall von Bethlehem erzählt, und staunend hatten sie alle ihrem Vater im Himmel für dieses Wunder gedankt.

Später war dann dieses entsetzliche Unglück passiert und hatte alles verändert. Sie war allein zurückgeblieben und hatte sich von allen Menschen zurückgezogen, die ihr einmal wichtig gewesen waren.

Mit Jesus Christus wollte sie seitdem nichts mehr zu tun haben. Zu sehr hatte er sie im Stich gelassen.

Nun war sie alt, gebrechlich – und sehr einsam. Die Menschen in dem großen Haus kannten einander kaum; man grüßte sich flüchtig, wenn man einander zufällig begegnete, um dann gleichgültig seiner Wege zu gehen. Sie wollte es auch gar nicht anders. Man sollte sie in Ruhe lassen. Die Einsamkeit hatte sie hart und bitter werden lassen.

Während sie noch auf der Treppe stand, kam ihr ein kleines Mädchen entgegen, das seit einiger Zeit in diesem Haus wohnte. Die alte Frau hatte das Kind schon einige Male gesehen und beiläufig festgestellt, daß es von den anderen Mädchen wohl nicht akzeptiert wurde. Das Mädchen war fast immer allein.

Die Blicke der beiden so unterschiedlichen Menschen trafen einander. Die offenen, freundlichen Kinderaugen blickten in die trüben, zusammengekniffenen Augen der alten Frau. Das Gesicht des kleinen Mädchens strahlte Freude und Zuversicht aus, ließ sich nicht einmal vom mürrischen Gesichtsausdruck der ~~alten~~ Frau verschrecken. *Kind*

Zutraulich faßte das ~~kleine Mädchen~~ nach der Einkaufstasche der ~~alten~~ Frau, wollte sie ihr aus der Hand nehmen.

»Laß das«, fuhr die alte Frau sie barsch an. Und dachte: »Man weiß ja nie, was diesen ungezogenen Kindern heute so einfällt. Die bestehlen uns sogar noch im eigenen Haus.«

Die Augen des Kindes weiteten sich erschreckt. Tapfer deutete sie mit dem Finger auf sich und sagte: »Ich bin Janna.«

Ihre klare, aber etwas herbe Aussprache zeigte deutlich, daß sie Ausländerin war. »Ich will dir helfen«, formulierte sie unbeholfen, und ihre kleine Hand griff erneut nach der schweren Einkaufstasche.

Die alte Frau war so überrascht, daß sie sich tatsächlich die Tasche abnehmen und von Janna bis zur Wohnungstür tragen ließ. »Danke«, murmelte sie kurz angebunden und schloß die Tür schnell hinter sich. Sie wollte nun einmal mit fremden Menschen nichts zu schaffen haben, wollte niemanden belästigen und nicht belästigt werden.

Am Nachmittag desselben Tages läutete es unerwartet. Nach kurzem Zögern schlurfte die alte Frau zur Tür und öffnete. Janna stand draußen und hielt einen Teller mit Gebäck in ihren Händen. Unwirsch fragte die alte Frau: »Was willst du?«, und ihr Ton wirkte ablehnend und kalt. Doch Janna ließ sich nicht beirren.

»Ich dir bringen Kuchen mit, Janna gebacken«, sagte sie in ihrer fremden Aussprache und sah die alte Frau freundlich an. »Du dich freuen?«

Eigentlich wollte sie es gar nicht! Aber die alte Frau nickte, bot Janna sogar an, in ihre Wohnung zu kommen. Gemeinsam gingen sie in die Küche, und die alte Frau probierte von dem Gebäck, das Janna ihr gebracht hatte. Janna hatte sie so erwartungsvoll angesehen, daß sie es nicht übers Herz brachte, dieses Kind zu enttäuschen. Sie lobte Jannas Backkünste.

Janna strahlte vor Freude und begann nun in ihrem holprigen Deutsch von sich zu erzählen. Die alte Frau erfuhr, daß sie aus Polen kam und seit einiger Zeit mit ihrer Mutter in der Wohnung nebenan wohnte, daß sie aber oft allein war, weil die Mutter arbeiten mußte. Zum Abschied reichte sie der alten Frau die Hand und sagte: »Morgen Weihnachten! Jesus ist geboren! Wir viel Freude.«

»Wir viel Freude!« . . . Dieser Satz klang der alten Frau noch in den Ohren, als Janna längst gegangen war. Freude! Sie hatte in den vergangenen Jahren wirklich keinen Anlaß zur Freude gesehen. Wußte sie überhaupt noch, wie es war, sich zu freuen?

Und nun kam so ein fremdes Kind daher und erinnerte sie daran, daß es doch einen Grund zur Freude gab.

Unwillig schüttelte sie diese Gedanken ab. Was sollte das! Nichts als Sentimentalitäten! Sie würde den Heiligen Abend verbringen wie immer! Sie würde früh schlafen gehen, weder das Radio noch den Fernseher einschalten. Schließlich war auch da an diesem Abend nichts als melancholischer Kitsch zu erwarten!

Doch es kam anders . . .

Am späten Nachmittag des Heiligen Abend, die Dunkelheit war bereits hereingebrochen, klingelte es wieder an ihrer Tür. Draußen standen – festlich gekleidet – Janna und ihre Mutter und baten die alte Frau, mit ihnen gemeinsam Weihnachten zu feiern. Fassungslos konnte die ~~alte~~ Frau nur stumm den Kopf schütteln. Niemand in diesem fürchterlichen Haus hatte je daran gedacht, sie einzuladen. Und nun ausgerechnet diese Fremden!

Doch Janna bat noch einmal, und ihre Augen leuchteten dabei so voller Erwartung und Vorfreude, daß die alte Frau zustimmte. Skeptisch folgte sie Janna und ihrer Mutter in die fremde Wohnung, alles vorsichtig musternd. Die Wohnung wirkte gemütlich und sauber. Im Wohnzimmer stand ein kleiner, geschmückter Tannenbaum auf einem Tischchen und darunter eine etwas altmodisch wirkende Krippe mit den passenden bunten Figuren.

Schmerzhafte Erinnerungen stiegen in ihr auf. Hatte nicht eine ähnlich altmodische Krippe früher an jedem Weihnachtsfest in ihrem Wohnzimmer gestanden? Und hatten sie nicht alle gemeinsam gesungen und gebetet und waren froh gewesen? Und nun stand sie hier neben fremden Menschen und hatte plötzlich große Mühe, gegen die aufsteigenden Tränen anzukämpfen. Sie, die seit vielen Jahren nicht mehr geweint hatte, die hart geworden war in ihrem Schmerz, die nicht lieben und nicht geliebt werden wollte, sie hatte plötzlich Sehnsucht nach menschlicher Zuneigung, nach Verständnis?

Die kleine Janna deutete mit dem Finger auf das Kind in der Krippe. »Jesus«, sagte sie klar und deutlich, »Jesus uns liebhat.«

Janna und ihre Mutter begannen ein Lied in polnischer Sprache zu singen. Die alte Frau konnte den Text nicht verstehen, doch die Melodie kam ihr bekannt vor. Leise, in Gedanken verloren, summte sie mit, und plötzlich begannen sich die passenden Worte in ihrem Kopf zu formen; Worte, die längst vergessen schienen: »Finsternis weichet, es strahlet hernieden, lieblich und prächtig vom Himmel ein Licht.«

Erinnerungsfetzen . . . allmählich deutlicher und zu neuen, jahrelang vergessenen Worten zusammengefügt: »Engel erscheinen, verkünden den Frieden, Frieden den Menschen, wer freuet sich nicht?«

Ja, damals! Als sie dieses Lied aus vollem Herzen hatte singen können, da hatte sie den Frieden und die Freude in sich gespürt, hatte sie an die Liebe Gottes geglaubt und ihm vertraut. Aber später, nach all dem Schrecklichen, das sie erlebt hatte, wurden alle Freude und Helligkeit von einer tiefen Finsternis überschattet. – Doch gänzlich schien das Licht nicht erloschen. Tief in ihrem verbitterten Herzen begann sie zu ahnen, daß es auch in dieser Finsternis wieder hell und freundlich werden könnte, daß selbst ihr altes einsames Leben nicht sinnlos war.

»Jesus«, sie wiederholte Jannas Worte leise, kaum hörbar, »Jesus hat uns lieb.«

Mit hängenden Schultern stand sie da, hager und gebeugt, und sie spürte Tränen in ihrer Kehle brennen. Aber sie strengte sich nicht länger an, die Tränen hinunterzuschlucken. Ungehindert liefen sie über ihr altes, faltiges Gesicht.

Plötzlich spürte die alte Frau, wie sich eine kleine, weiche Hand in ihre harte, knochige Hand schob. »Babcia«, flüsterte Janna zärtlich, »Babcia, du nicht weinen. Jesus macht froh.«

Die alte Frau fühlte die Wärme der kleinen Hand bis in ihr erfrorenes Herz. »Babcia – Großmutter«, so hatte das fremde Mädchen sie genannt, und es hatte so liebevoll geklungen, daß es fast weh tat. Es schien, als würde die Wärme des Kindes die Kälte in ihrem Innern auftauen und das Eis zum Schmelzen bringen.

»Finsternis weichet, es strahlet hernieden, lieblich und prächtig vom Himmel ein Licht.«

Es waren nicht länger nur Worte, in ihrem Kopf neu zusammengefügt; es waren Empfindungen, die in ihr Herz eindrangen und es dort heller und heller werden ließen.

. . . Und der dieses Licht angezündet hatte, konnte nun Einzug halten in ihr Herz, das so leer und kalt wie der Stall in Bethlehem gewesen war und das trotzdem zur Wohnstätte für ein neugeborenes Kind werden konnte. Eines Kindes, das in die Welt kam, um die Finsternis zu vertreiben und Licht und Frieden zu bringen . . .

Hugo Hartung

EINE GANZ BELANGLOSE GESCHICHTE

Der Polizeibericht bestand nur aus wenigen Zeilen und war völlig uninteressant: »Der vermißte und von der Polizei gesuchte fünfjährige Dieter G. konnte wohlbehalten in einem Gehöft, zwölf Kilometer von der Stadt entfernt, gefunden werden. Unverständlicherweise machte die Frau, die das verirrte Kind aufgenommen hatte, den Behörden erst nach drei Tagen Meldung.« Eine Zeitung hatte den Bericht tadelnd überschrieben: »Sträfliches Verhalten bei Kindesauffindung.« Im übrigen schien die Angelegenheit zu belanglos, als daß ihretwegen Reporter bemüht oder Fotos in die Zeitung aufgenommen wurden. Dennoch möchte ich von ihr erzählen, weil ich meine, daß sie mit dem Polizeibericht noch nicht zu Ende ist.

Dieter stand an einem Dezemberabend im dunklen Zimmer der Parterrewohnung seiner Mutter und sah den milchigen Dunst über den hohen Mietshäusern in einem ungewohnten und unwahrscheinlich durchdringenden Violett leuchten. Er wollte wissen, woher dieses sonderbare Licht käme. Die Wohnung war verschlossen, weil die Mutter von der Fabrik weg gleich ins Kino gegangen war. Sie würde es nicht merken, wenn ihr Junge durch das niedrige Küchenfenster in den Hof hinabstieg und später auf demselben Weg zurückkehrte.

Niemand achtete in den belebten Straßen der großen Stadt auf ein kleines Bürschchen, das an diesem kalten Abend ohne Mantel war und zu einem Dach hinaufstarrte, darauf hohe Neonröhren violette Buchstaben an den diesigen Nachthimmel schrieben. Dieter, der nun wußte, woher der neue Glanz aus der Höhe stammte, ging dennoch wie gebannt weiter. Je mehr er sich der Stadtmitte näherte, um so wunderbarere Dinge sah er. Funkelnde Lichterketten spannten sich über die Straßen, die Fassaden von Kaufhäusern waren übersät mit riesigen leuchtenden Silbersternen. Goldene Engel flogen in Schaufenstern über starr lächelnde Modepuppen, in anderen Fenstern rasten Spieleisenbahnen über Brücken und durch Tunnels. Menschen, die bunte Pakete mit silbernen und goldenen Schnüren trugen, stießen den kleinen Jungen an. Autotüren knallten. Die Luft war voll Benzingeruch, und aller Lärm der lauten Straße wurde überdröhnt von einem Lautsprecher. Knabenstimmen, ins Riesenhafte verzerrt, brüllten »Stille Nacht, heilige Nacht«.

Dieter ging durch die laute, unheilige Nacht des frühen Dezembers und wußte nicht mehr, wohin er ging. Er kam durch fremde Vorstadtstraßen; denn dort im Industrierevier wuchsen die Städte immer mehr zu einem gigantischen Stadtmoloch zusammen. Der Moloch spielte auf der Gemütsharfe. »Weihnachts-Vorfreude« nannte er seine Melodie. Reklame und Weihnachtsgeschäft hieß sie in Wirklichkeit.

Als die Frau das erschöpfte Kind vor dem Zaun ihres Anwesens fand, geschah es, weil ihre Hunde sie geweckt hatten. Es waren mächtige Tiere, Neufundländer, aber ihr drohendes Gebell erschreckte den halb ohnmächtigen Knaben in den Armen ihrer Herrin nicht.

Aus der Erschöpfung sank Dieter in einen tiefen Schlaf, aus dem er erst am nächsten Mittag erwachte. Er nannte der Frau seinen Namen – Dieter Groß –, aber er wußte den der Stadt und ihrer Straße nicht. Er wußte vieles nicht. Wie sein Vater hieß und ob er noch lebte. Warum das Weihnachtsfest gefeiert würde, das jetzt schon soviel Licht, Glanz und Lärm über die Straße brachte. Er fragte auch nicht danach. Doch fragte er die Frau, warum sie so riesengroße Hunde besäße. Sie habe eine Hundezucht, sagte sie, seit sie auf der Flucht in dieses Land gekommen sei. Das Kind wußte auch nicht, was Flucht ist.

Die Frau erklärte es dem kleinen Jungen und sagte ihm, warum die Menschen Weihnachten feiern. Sie fragte ihn, ob er denn nicht die Geschichte von der Heiligen Nacht in Bethlehem kenne. Er sagte, ihm gehöre nur ein Geschichtenbuch, und zog ein zerfleddertes Heftchen aus der Hosentasche, darin riesige Muskelmänner mit dünnen Köpfen aufeinander einhieben, und aus den Mündern stiegen ihnen Seifenblasen, in denen Wortfetzen standen. Die Frau zerriß das Heftchen und warf es in den Ofen.

Sie benahm sich überhaupt merkwürdig und sogar »sträflich«, wie nachher die Zeitung in ihrer Überschrift schrieb. Sie benachrichtigte die Polizei nicht von dem aufgefundenen Kind. Sie beherbergte es drei Tage bei sich, erzählte ihm von vielen merkwürdigen Dingen und Begebenheiten und zog ihm einen Mantel über, der ihm beinahe paßte und der herrlich warm war. Ihr Peter sei zwar ein Jahr jünger gewesen, aber damals schon sehr viel größer, als er auf dem Treck aus Schlesien in einer Januarnacht erfroren sei. Dieter lachte, weil er das Wort »Treck« komisch fand.

Schon am zweiten Tag war Dieter mit den Hunderiesen gut Freund. In der Nacht nahm ihn die Frau mit vors Haus. Draußen war eine sonderbare Luft – leicht zu atmen und ganz ohne Geruch – und eine Stille, wie das Kind sie nie kennengelernt hatte.

Nur ein fernes Summen hörte man noch von den Städten, über denen am Horizont ein gleißender Lichtstreifen war. Und über ihnen und über den Feldern am Rande des Industriereviers standen viele Sterne.

Der Junge sagte zu der Frau, in den Straßen seien die Sterne viel heller und viel größer; und er lachte sie aus, als sie ihm weismachen wollte, diese winzigen Lichtpünktchen da droben seien millionenmal heller und millionenmal größer als alle Reklamesterne der Großstädte zusammengenommen. Aber als sie die Sterne zu Bildern werden ließ, die sie ihm am Himmel zeigte, und als sie von einem besonders hellen Stern sprach, der in einem fremden Palmenlande über einem Stall mit einem neugeborenen Kind in einer Pferdekrippe inmitten von Ochs und Esel, von Hirten und Königen gestanden habe, sagte er, das sei doch eine ganz hübsche Geschichte. Ob sie noch mehr davon wüßte.

Vielleicht lag es an diesen Geschichten, daß die Frau von der »Kindesauffindung«, wie das die Zeitung nannte, der Polizei so spät Mitteilung machte. Als Frau Groß ihren Dieter abholen kam, freute er sich nicht einmal besonders darüber. Doch die Mutter nahm ihm das nicht weiter übel. Ja, sie zeigte sich großartig, als die Gastgeberin ihres Jungen sie bat, er möge die Weihnachtstage bei ihr verbringen. An den Feiertagen gab es in den Kinos großartige Programme, und sie würde dann sowieso nicht wissen, was sie mit dem Kind anfangen sollte. Als sie fortgingen, streichelte Dieter zum Abschied die großen Hunde.

Das ist die belanglose Angelegenheit, die ein Polizeibericht in fünf Zeilen zusammenfaßte. Aber man wird mich jetzt vielleicht verstehen, wenn ich sage, sie dürfte mit jenen drei Adventstagen nicht zu Ende gewesen sein.

Helmut Gollwitzer

DIE RETTENDE STUNDE

24. Dezember 1945
Wenn die dünne Abendsuppe ausgelöffelt war, saßen sie noch eine Zeitlang auf der Pritsche, bevor sie unter die Decke krochen. Hätte einer von euch unsichtbar durch die Baracke gehen können, so wäre ihm dieses Bild wohl als das trübste und charakteristischste für das Gefangenenleben erschienen: im düsteren Scheine der wenigen, schwachkerzigen Lampen die mageren

Gesichter, die bewegungslos, oft mit geschlossenen Augen, vor sich hin starrten, die in sich zusammengesunkenen Gestalten, an den Pritschenpfosten gelehnt, wortlos, jeder einzelne wie vereinsamt von der Traurigkeit der ganzen Welt. Aber wenn ihr ins Innere hättet sehen können, so hättet ihr zu eurem Erstaunen erfahren, daß dies die seligsten Minuten in jenen elenden Jahren waren: Das Äußere versank, die häßlichen, rauchgeschwärzten Barackenwände, die verdreckten Mäntel, die an der Pritsche hingen, verschwanden, und wir waren im Geiste zu Hause. Wir gingen die Straße entlang, drückten die Klingel, die wir genau vor unseren Augen sahen, die altbekannte, braungestrichene Tür ging auf, und die liebsten Menschen, die wir auf Erden hatten, fielen uns um den Hals; dann führten sie uns ins Zimmer, der Weihnachtsbaum stand da, genau wie damals . . ., und wir durften uns das Lied wählen, das wir nun miteinander singen wollten. Abend für Abend wiederholte sich das, und keiner wurde dessen müde, am wenigsten in jenen Weihnachtstagen des schlimmsten Jahres der Gefangenschaft.

Es waren Arbeitstage wie alle anderen auch. Dadurch, daß an der kargen Verpflegung vorher noch einiges abgespart worden war, gab es ein für unsere Begriffe festliches Essen; die Baracke hatten wir, wo es nur ging, mit Tannenzweigen geschmückt, und sogar einige Kerzen waren aufgetrieben worden für den kleinen Weihnachtsbaum, an dem auch ein paar Sterne hingen, die mit Silberpapier – es war völlig rätselhaft, woher es auf einmal in dieser Wüste auftauchen konnte! – beklebt waren.

Das alles war nicht ohne Widerspruch geschehen. Die russische Lagerleitung hatte es zwar genehmigt, aber unter den Kameraden selbst regten sich heftige Stimmen dagegen, ja einer bat mich sogar auf die flehentlichste Weise, in diesen Tagen doch ja jede Erinnerung an Weihnachten zu unterlassen: »Nur nicht daran denken, nur nicht daran denken, das ist die einzige Art, wie ich es überstehen kann; wenn ihr eine Feier macht, halte ich's nicht mehr aus und hänge mich auf . . .«

Er hängte sich nicht auf; sicher nicht nur, weil er im entscheidenden Augenblick zu feige dazu war, sondern weil er das weihnachtliche Licht, das in der Finsternis leuchtet, zu Gesicht bekommen hatte. Nicht »nicht daran denken«, sondern mit aller Kraft daran denken – das hatte uns der Heilige Abend gelehrt. Woran aber? Jenes Versinken in den Traum wäre allein keine Rettung gewesen. Zu schmerzlich schnitt die Sehnsucht gerade in diesen Tagen ins Herz. Aber als wir das Weihnachtsevangelium hörten und uns auslegten, da ging es wie ein Wunder auf:

> »Gott hat derer nicht vergessen,
> die im Finstern sind gesessen.«

Auf Erden war keine Macht, die uns helfen konnte oder auch nur wollte. Von Urwäldern umgeben, waren wir verschollen und preisgegeben. Daß es jemals wieder anders werden würde, wagten wir kaum zu hoffen und konnten von der Hoffnung doch nicht lassen. War es, daß einer an uns dachte und von uns wußte, einer, der mehr Macht hatte als Stalin und die MWD?

»Siehe, ich verkündige euch große Freude!« Auf

kleine, glattgehobelte Holzbrettchen – Papier war hier eine Seltenheit – hatten wir uns Weihnachtsgrüße geschrieben; am Kopfende meiner Pritsche stand eines, auf das ein Kamerad mir Johannes 14,18 gemalt hatte, da er es oft von mir in meinen Predigten gehört hatte: »Ich lebe, und ihr sollt auch leben.« Beraubt waren wir all dessen, was das Leben lebenswert macht, und nun stand hier geschrieben, daß uns das Leben nicht endgültig versagt sein sollte. Ob uns Heimkehr bevorstand oder das Grab in der hartgefrorenen russischen Erde, in das wir in diesem Winter noch so manchen von uns hineinlegen sollten – ins *Leben* hinein ging dieser harte Weg, das stand nun fest, weil Weihnachten galt; das konnte uns nicht mehr genommen werden, das ließ uns tief aufatmen.

Manchmal hatten wir früher etwas verächtlich über die üblichen Weihnachtslieder gesprochen, über ihre Süßlichkeit und Gefühlhaftigkeit. Es war nicht zu leugnen, daß die alten reformatorischen Lieder die Botschaft der Christnacht ungleich kräftiger verkündigten als jene vielgesungenen »Stille Nacht« und »O du fröhliche«. Nun aber bat ich ihnen manche Verurteilung ab und war froh, daß wenigstens sie noch unserem Volk als Gemeingut erhalten geblieben sind. Nicht nur, weil sie jetzt, als wir sie sangen, mit einem Schlage die Häßlichkeit der Baracke verwandelten und uns in die ferne Heimat verzauberten und auch die, die sich bitter dagegen gesträubt hatten, in die Stimmung des Weihnachtszimmers hereinnahmen. Wer hätte diese »Stimmung« noch verachten können, da sie so wohltätig war wie eine weiche Mutterhand für diese

Männer, deren Herz hart geworden war, weil sie nichts als Härte erfuhren? Aber jene Lieder brachten doch nicht nur »Stimmung«, sondern sie enthielten auch die große Verkündigung: »Christ, der Retter ist da« – »Welt ging verloren, Christ ward geboren« – ». . . da uns schlägt die rettende Stund, Christ, in deiner Geburt« – uns, auch uns hier in dieser Baracke, die am nächsten Morgen, als die Verzauberung der »Stimmung« gewichen war, noch genauso häßlich dastand und aus der wir in den kalten Wintermorgen hinaustraten, um zur Sklavenarbeit zu ziehen, während sie zu Hause in den Weihnachtsgottesdienst gingen.

23. Dezember 1946

»Er ist auf Erden kommen arm, daß er unser sich erbarm.« Das ging mir mit der Beharrlichkeit einer Melodie durch den Kopf, die ganzen Stunden, in denen wir in einem finsteren Keller eingesperrt saßen, ein ungewisses, vielleicht schreckliches Schicksal vor uns. Unser altes Lager war soeben aufgelöst worden, und zu zwölft waren wir, von den anderen abgetrennt, in ein neues Lager transportiert worden. Warum hatte man gerade uns zwölf besonders genommen? Es waren zumeist Leute, die bei den Russen wegen der Einheit, zu der sie bei der deutschen Wehrmacht gehört hatten, oder wegen anderer Gründe in Mißgunst standen, und man hatte uns bei der Ankunft in diesem Lager sofort angekündigt, wir kämen in den Bunker und würden nach wenigen Wochen so aussehen, daß wir uns »an einem Grashalm festhalten« müßten. Dies war nun unser Weihnachten. Im vergangenen Jahr waren wir voll Grimm am Christtag zur Arbeit ausgezogen, und viel war geflucht worden auf die Russen, die auf unseren höchsten Feiertag keine Rücksicht nahmen. Jetzt sagt in der Finsternis mein Freund Herbert neben mir: »Wenn wir morgen wie alle anderen zur Arbeit mit ausrücken dürften, wäre das unser schönstes Weihnachtsgeschenk!« So relativ ist alles im Leben, so arm kann man werden auf Erden! Was aber ist ein Weihnachtsgeschenk? Doch ein Erinnerungzeichen an den schenkenden, lebendigen Gott, der uns aus dem Kerker des Todes errettet. Als wir in der Nacht ganz überraschend und ohne weitere Erklärung aus unserem Keller heraufgeholt wurden, waren wir uns selbst zum Gleichnis der Weihnacht geworden: »Ich lag in schweren Banden, du kommst und machst mich los.« Wir bekamen das ersehnte Weihnachtsgeschenk: Man hatte anders über uns entschieden, und wir »durften« am Heiligen Abend mit zur Arbeit ausrücken, mit Pickhacken und Eisenkeilen eine Zementmauer abtragen. Während der Arbeitspause saß ich mit den Kameraden um das Feuer und legte ihnen an dem, was wir soeben erlebt hatten, die ersten vier Verse von »Vom Himmel hoch« aus.

24. Dezember 1947
Kein Tag im Jahr ist für den Gefangenen schwerer als der Weihnachtstag. Mich aber bewegten die Sätze aus dem letzten Brief meiner Mutter, die ich, wo ich nur kann, an die Kameraden weitergebe: »An Weihnachten

muß uns das Schwerste in unserem Leben nicht schwerer, sondern leichter werden; denn wir kennen nun den, von dem alles kommt und zu dem alles führt und der bei uns ist alle Tage. Ohne Weihnachten wäre alles unerträglich schwer; aber wer von Christus hört, dem wird an Weihnachten das Herz nicht schwerer, sondern leichter.« – Wir haben in Ermangelung von Gesangsbüchern, wie wir es für jeden Gottesdienst tun, die Lieder vielmals abgeschrieben, und keins klang diesmal so triumphierend wie das von Paul Gerhardt: »Kommt und laßt uns Christum ehren«: ». . . wir, die unser Heil annehmen, werfen allen Kummer hin.«

25. Dezember 1948

Als ich am Heiligen Abend zu der Baracke ging, in der die Feier, die wir mit den katholischen Brüdern zusammen hielten, stattfinden sollte, lehnte ein junger Schwabe an einer Mauer, und ich hörte ihn im Vorbeigehen zu dem, der neben ihm stand, in einem Ausbruch des Stöhnens sagen: »Es ist ja alles so sinnlos, so sinnlos!« Das war es, genau das: Nicht nur unser Schicksal hier, alles, alles in der Welt war sinnlos, und alles in der Welt, auch unser Schicksal hier, wurde sinnvoll, voll von unverlierbarem Sinn durch Weihnachten, durch die »rettende Stunde«, in der ewiges Leben sich mit unserer Armut verband.

Warum ging ich vorbei und ließ ihn dort in seiner Verzweiflung an der Wand lehnen, statt ihn mit zu unserer Feier zu nehmen, zu der zu gehen er selbst offenbar nicht den Entschluß fassen konnte? Er versprach sich wohl auch von dieser Botschaft nichts mehr, und gerade ihn hätte sie vielleicht erreicht; denn gerade ihm galt sie doch. Oft habe ich zugegriffen und das Wort sagen können, diesmal aber ging ich, selber matt und unkräftig, vorüber wie der Priester und der Levit auf der Straße nach Jericho – und wenn ich heute daran denke, weiß ich, daß hier unsere schlimmste und häufigste Schuld liegt: im Genießen des Evangeliums, statt es weiterzugeben, im Vorübergehen, wo ein Verzweifelter sich vom Evangelium nichts mehr erwartet, weil er es noch nicht kennt.

Willi Kramp

WIR SIND BESCHENKTE

Ich muß damals fünfzehn oder sechzehn Jahre alt gewesen sein; jedenfalls war es die Zeit, da in meinem Jungenleben der zweifelnde und besserwisserische Intellekt sich wie eine ätzende Säure über alles zu ergießen begann, was mir zuvor in gewisser und klarer Gestalt vor dem leuchtenden Grunde göttlicher Offenbarung gestanden hatte. Schon seit einiger Zeit hatten die Worte und reinen Gestalten, die aus meiner kindlichen Glaubenswelt herüberschimmerten, den Glanz ihrer himmlischen Gewißheit verloren; daß sie nicht vollends zersetzt und aufgelöst, sondern mir sogar in einer größeren und standhafteren Wirklichkeit zurückgeschenkt wurden, scheint mir nicht unwesentlich mit einem kleinen weihnachtlichen Geschehnis zusammenzuhängen, das ich schildern will.

Ich weiß noch, daß ich in dem fraglichen Jahre mich anschickte, das Weihnachtsfest in einer äußerst düsteren und unmutigen Stimmung zu begehen. Es hatte in der Schule Zusammenstöße mit dem Religionslehrer gegeben, der nicht die Gewandtheit und – wie ich heute glaube – auch vom Evangelium her nicht die innere Berechtigung hatte, sich auf meine phantastischen und vorwitzigen religiösen Grübeleien einzulassen. So begann ich – erbittert und aller Welt ihrer vermeintlichen Starr- und Enggläubigkeit wegen feind – mich in mich selbst zu verkriechen, glaubte mich zum geistigen Hochmut und zur Menschenverachtung berechtigt und bemerkte nicht ohne eine gewisse ingrimmige Zufriedenheit, daß ich allmählich wirklich die Verbindung zu den Personen auch meiner nächsten Umgebung verlor.

Weihnachten würde ich als ein Fest der anderen erleben, so glaubte ich, als eine Gelegenheit, bei der mir auf willkommene Weise wiederum einmal so recht klar werden sollte, wie wenig das geistliche Brot der »anderen« mich selbst noch satt zu machen imstande wäre.

Mitten in diesen Gemützustand hinein rief mir eine Freundin beim Abschied auf dem Bahnhof – sie fuhr zu ihren Eltern aufs Land – ein seltsam starkes und lebendiges Wort zu.

»Ich freue mich sehr!« rief sie aus. »Weihnachten kommt mir diesmal so ganz nahe.«

Wenn ich es mir auch nicht eingestehen mochte, noch weniger es mir erklären konnte, dieser Abschiedsruf machte einen tiefen Eindruck auf mich. Ich ließ mir zwar äußerlich nichts anmerken, sondern nahm an der Christvesper in der Kirche und an der Feier im Familienkreis in genau der inneren Haltung teil, wie ich es mir vorgenommen und vorgestellt hatte. Als die Heilige Nacht jedoch tiefer herabsank und die älteren Brüder und Schwestern nach beendeter Bescherung sich vorkostend in die geschenkten Bücher, Noten und Bilder verloren, da war jenes Wort der fröhlich heimreisenden Kameradin auf einmal wieder sehr stark bei mir: »Weihnachten kommt mir diesmal so ganz nahe.«

Ich ging in ein stilleres Zimmer unserer Wohnung, schlug den Vorhang vom Fenster zurück und starrte über die weißen Dächer und Straßenschluchten unserer kleinen Stadt hinweg. Gleich zur Rechten ragte das Gerichtsgefängnis auf; das hohe, dunkle Gebäude umklammerte von drei Seiten einen viereckigen Hof, wo ich auf schmalen Gehsteigen die Gefangenen Tag für Tag zur bestimmten Stunde bei ihrem vorgeschriebenen Rundgang sehen konnte. Senkte sich der Blick schräg am Gefängnis vorbei etwas tiefer herab, so traf er zuerst auf eine alte Schmiede; es folgten ein paar kleine, morsche Häuser, sodann die katholische Kirche mit dem stillen, ziegelroten Pfarrhaus, und endlich, ganz fern im Mondlicht nur zu ahnen, ein schmaler

138

Streifen Waldes. In allen Häusern, die ich von hier aus sehen konnte, waren die Fenster rötlich erhellt, von den Sternen rieselte dünnes, bläuliches Licht auf die verschneiten Dächer herab. In der Kirche pulste etwas Lichtes und Warmes hinter den hohen Fenstern, und selbst im Gefängnis, wenn ich mich nicht irrte, war noch ein anderer Schein als sonst wach.

»Weihnachten kommt mir diesmal so ganz nahe!« mußte ich wieder denken. Wahrhaftig, allüberall in der kleinen Stadt schien ein geheimnisvolles Leben auf die winterlich tote Welt herabgekommen. Einzig ich selbst stand unberührt und unerhellt da. Zu mir kam Weihnachten nicht »nahe herab«. Nicht mein Fest war es.

Warum nicht? Hatte ich etwa schuld daran, daß mein Geist keine Genüge mehr zu finden vermochte an den einfältig-gemüthaften Vorstellungen von dem göttlichen Kind in der Krippe? War meine mühsam errungene Idee einer höchsten Weltenharmonie und einer stufenweise sich in der Schöpfung selbst darstellenden Gottheit, die es nicht nötig hatte, um die Liebe des Menschen auf so merkwürdig »menschliche Weise« zu werben, war diese meine Idee nicht sogar dem erhabenen Wesen Gottes gemäßer und des menschlichen Geistes würdiger als jene anderen Vorstellungen, von denen in dieser Nacht die Welt wieder einmal hörte?

Oder kam etwa die Liebe, die alle Menschen heute zu empfinden schienen, darum nicht zu mir, weil ich selbst keine Liebe zu meinem Nächsten zu empfinden vermocht hätte. War ich schlechter als irgendeiner von denen, die jetzt fromme Lieder sangen und ihre Herzen mit einem »Trost« erfüllten, den ich ehrlicherweise von mir abweisen mußte?

Ich war nicht schlechter als nur irgendeiner von jenen allen, so antwortete ich mir selber. Ich würde es übrigens sofort beweisen.

Und dann tat ich etwas, was mir in einer ruhigen Stunde überspannt und sentimental erschienen wäre. Ich packte nämlich alle meine »süßen Sachen«, so wie sie auf meinem bunten Teller lagen, in eine große Papiertüte, steckte die Tüte in meine Schulmappe, nahm Hut und Mantel und begab mich auf die Straße hinab.

Ich suchte die ärmeren Viertel der Stadt auf; hier waren die Straßen breit und holprig. Die Häuser neigten sich mir tief und schläfrig entgegen. Hier und da erklangen verspätet noch dünne Kinderstimmchen und der leiernde Gesang von Erwachsenen hinter den rötlich erleuchteten Scheiben hervor . . .

Da ging ich nun und begegnete kaum einem Menschen, jedenfalls nicht einem, dem ich etwas von meinen Geschenken hätte geben können. Alle saßen sie bereits an vollen Tischen oder waren auf dem Wege zu ihrer Weihnachtsbescherung, alle hatten sie schon empfangen, und ob es nun wenig war oder viel, es schien doch genug, um sie für diesen Abend froh zu machen. Sollte es aber dennoch Menschen in dieser Stadt geben, die selbst heute nacht noch Not litten, so kannte ich sie nicht. Und wo sollte ich sie suchen?

Als ich mich einem etwas zwölfjährigen Mädchen mit meiner Mappe näherte, um ihm etwas daraus anzubieten, zuckte es erschreckt zur Seite, als werde es von etwas Bösem und Unrechtem berührt. Eine alte Frau starrte mich aus aufgerissenen, toten Augen an, als ich ihr ein Marzipanherz in die Hand drückte. Als ich mich nach einer Weile umblickte, sah ich sie noch immer auf dem gleichen Fleck stehen und mir nachstarren. Sie sah nicht auf das Marzipanherz, sie sah auf mich, und zuletzt schüttelte sie langsam den Kopf . . .

Unter diesen Eindrücken begann mir sehr bald schon das Unechte und Peinliche meines Tuns zum Bewußtsein zu kommen. Ich ging schneller. Als endlich ein paar Kinder, denen ich von meinen Sachen abgeben wollte, mich geradezu auslachten und damit prahlten, daß sie selbst einen viel schöneren bunten Teller auf ihrem Tisch stehen hätten, wobei sie jedoch meine Süßigkeiten so im Fortgehen nahmen, als seien sie nichts, da stellte ich voller Scham und Ärger die Tüte mit dem Übriggebliebenen vor eine Tür und lief nach Hause . . .

In dieser Nacht erkannte ich zum erstenmal in meinem Leben ganz klar, daß ein Mensch dem andern nichts schenken kann, wenn dieser andere das Geschenk verachtet. In dieser Nacht begann ich aber auch zu begreifen, daß Gott dem Menschen nichts schenken kann, wenn der Mensch sich nichts schenken lassen will. Und damit begann ich, mich selbst und meine Haltung diesem Weihnachtsfest gegenüber allmählich anders zu sehen. Wie? Saß denn nicht auch ich schon vor meinem eigenen bunten Teller, vor dem Tisch mit meinen Gaben, die ich mir selbst aus dem vermeintlichen »Reichtum meines Geistes« und dem meiner geistigen Vorbilder beschert hatte, während draußen vor meiner Tür auf der nächtlichen Straße jemand entlangging und suchte, wem er wohl abgeben könnte von einer Fülle, die viel größer und reicher war als die auf meinem selbstgedeckten Tisch?

Wenn in mein Leben Weihnachten nicht als etwas Lebendiges und Persönliches zu dieser Stunde »nahe herabkam«, lag dann nicht womöglich an mir selbst die Schuld, an meinem geistigen Hochmut, den ich für abgeklärte Weisheit hielt? Sollte das Mysterium der Geburt Christi im Stalle zu Bethlehem nicht doch vielleicht etwas anderes, etwas unbegreiflich Größeres und Wirklicheres sein als nur ein Gefühlsbild für weiche, sehnsüchtige Seelen und kindische Geister? Ich erinnerte mich der Freude jener Kameradin über das Gefühl einer um die Weihnachtszeit herabgekommenen Himmelsmacht, und ich verglich sie mit meiner eigenen Freudlosigkeit. Ich sah einen Menschen – aber nicht mich – einsam durch die dunklen Straßen gehen, mit vollen Händen, bereit, Kostbarkeiten zu verschenken, die niemand begehrte ...

Und dann muß mir wohl nach und nach aufgegangen sein, daß das letzte und lebendige Wesen der Welt sich nicht fassen läßt mit den Organen des ordnenden und grübelnden Geistes, eben weil es Leben aus Gott ist.

Persönliches Geben und Nehmen, Liebe Gottes und gläubige Dankbarkeit des Menschen – das war der Schlüssel, mit dem mir endlich die Tür zu dem Mysterium im Stalle von Bethlehem aufgeschlossen wurde. Von hier aus konnte ich auch wieder dem Wort Gottes entgegengehen, und siehe, es war ein lebendiges Wort, gesprochen vom lebendigen Gott der Welt. Gott war nicht mehr ein Begriff, nicht mehr eine losgebundene Idee, sondern er wurde wieder das gütige, väterliche Du, das ich ansprechen durfte wie in den Kindertagen, ernster sogar, inniger. Und ob Gott noch so unendlich und gewaltig war, der Herr und Schöpfer Himmels und der Erde, und ich so klein vor ihm, ein Nichts, ein Hauch, ich war doch ein Glied seiner Schöpfung und an sein Herz gehoben durch das freie Geschenk seiner Liebe.

Hier taten sich mir immer neue Räume auf. Hatte ich denn nicht einzig diese Begegnung mit dem schenkenden Gott gesucht? Was hatte mich an dem Ausruf der abreisenden Freundin denn so tief beunruhigt, wenn nicht die Ahnung, daß dieser Gott und Vater in Wahrheit auch schon für mich seine Hand aufhielt und mich freundlich anblickte? Leben, das wirkliche Leben, was konnte es denn anderes sein als die Begegnung zwischen dem lebendigen Gott der Welt und seinem Geschöpf, das die eigene Armut mit Freuden bekennt, weil es ja auch seinen reichen himmlischen Vater bekennen und sich von ihm lieben lassen darf?

Aber die Weihnachtsbotschaft? Das Kind in der Krippe? Der Heiland aller Welt?

Noch habe ich kaum von ihm gesprochen, und doch ist er schon lange heimlich dabei, während ich all dies sage. Denn dort im Stall zu Bethlehem ist ja der Gott der Welt eben in seiner schenkenden Fülle sichtbar und leibhaft in unsere Armut und Finsternis eingetreten – so leise, als fürchte er uns zu beschämen durch das Übermaß seiner Liebe.

Wer aber das einmal mit erleuchteten Augen gesehen hat: daß nämlich der Christus im Stall von Bethlehem der lebendige Gott der Welt in Person ist, Mensch geworden um unserer Blindheit und Taubheit willen, um unseres Hochmutes und unseres Abfalles willen, ja schlicht und recht gesagt: um unserer Sünde willen, der wird nicht mehr abstrakt und selbstquälerisch nach dem »Sinn des Lebens« oder nach der »Existenz Gottes« fragen. Gott beweist sich in seiner Liebe. In seinem Schenken. Wo kräftiger und deutlicher, ja wo »menschlicher« als hier?

Nun wissen wir aber auch, daß dieser Christus Gottes, der um Weihnachten in menschlicher Gestalt auf Erden erschienen ist, hernach ans Kreuz geschlagen wird, danach von den Toten aufersteht und in seine volle himmlische Gewalt zurücktritt. Als der Auferstandene und Himmlische hat er uns versprochen, bei uns zu bleiben bis ans Ende der Welt.

Nichts »Vergangenes« feiern wir um Weihnachten, sondern die stärkste Gegenwart und die wirklichste Wirklichkeit, die es überhaupt gibt: die Gegenwart des lebendigen, schenkenden Gottes. Jetzt, heute tut sich der Himmel auf, und die Liebe Gottes kommt zu uns in Person, in der Person Jesu Christi nämlich, der »ganzer Mensch und ganzer Gott« ist.

Er ist heute da. Ganz nahe. Ganz unten auf Erden. So nahe bei dir und mir wie noch nie, seitdem der Mensch glaubte, ohne Gott seine eigenen Wege gehen zu dürfen.

Nun sehe jeder zu, wie er es fasse! Und wie er es aushalte, auch nur einen Funken der Weihnachtsbotschaft in sein Herz zu lassen und dann nicht über alle Welt hin zu danken und zu frohlocken: Wir sind Beschenkte!

Hanna Ahrens

MARIA UND JOSEPH, KÖNIGE UND KAMELE

Mammie???« ruft Susanne. »Wo hast du eigentlich die Krippe gelassen? Und all die Figuren?«
»Die sind im Keller, in einem Karton verpackt.«
»Im Keller? Warum?«
»Weil Weihnachten vorbei ist. Heute ist der 8. Januar! Den Tannenbaum haben wir doch auch nach draußen gestellt!«
»Der hat ja auch so genadelt. Aber die Krippe? Wir wissen doch gar nicht so genau, wann Jesus wirklich geboren ist. Vielleicht war es ja auch im Januar; vielleicht ist er heute geboren? Ich finde, wir können die Krippe nicht einfach wegstellen!«
»Ja, wollen wir sie dann wieder auspacken und aufstellen?«
»Ja! Ich hole den kleinen, braunen Tisch aus dem Keller, und dann bauen wir sie wieder auf!«

»Ich finde das blöd!« schimpft Micha. »Weihnachten ist nur einmal im Jahr, und das ist vorbei! Ich gehe raus, Schlittenfahren!«

»Ja, nimm die Handschuhe mit!«

»Unsere Krippe ist schön!« sagt Susanne.

Ich denke an die wertvollen, geschnitzten Figuren, die andere haben. Diese hier sind aus Draht, Leder, Filz und Stoff; aber wir haben sie vor zwei Jahren zusammen gemacht. Susanne stellt alles sorgfältig auf, so wie es war: rechts die Hirten, links die Könige. Der alte König mit seiner goldenen Krone, die anderen noch mit ihrem Geschenk in der Hand. Die Schafe drängen sich dicht an die Hirten, auch Esel und Kamel stehen wieder da. Und weil draußen alles hart gefroren ist und es mitten im Januar weder Moos noch Gras gibt, holen wir all die kleinen grauen und weißen Steine vom Fluß und vom Meer, die wir in den Ferien immer sammeln, und legen sie auf den Boden.

»Es sieht ganz natürlich aus«, meint Susanne. »Schade ist bloß, daß die Figuren alle so still dasitzen, sich nicht bewegen und nicht reden können. Wir müßten Figuren haben, die laufen und knien und reden und singen . . .«

»Ja, du hast recht!«

Da fällt mein Blick auf eine Weihnachtskarte, die uns Sister Anne aus New York schickte. Eine Federzeichnung der Krippenszene: Dünne Linien fallen von oben wie Strahlen herab und schließen Maria und das Kind ein. Wie Fäden!

»Du«, sage ich, »weißt du was? Wir machen Marionetten! Wir machen neue Krippenfiguren als Marionetten. Dann können sie gehen und sitzen und knien und sprechen! Wir lassen sie sprechen!«

»Meinst du, wir können das?«

»Bestimmt!«

Es ist früher Nachmittag. Im Elbe-Einkaufszentrum kaufen wir Holzklötze für Hände und Füße, Kugeln für die Köpfe, Schnüre und Stäbe. Leder- und Fellreste haben wir noch, Stoffe auch. Die Figuren sollen ganz einfach werden mit fünf Fäden nur, damit sie nicht durcheinandergeraten und wir beim Spielen auch noch reden und singen können.

Es gibt kein Abendessen an diesem Tag.

Hannes sagt: »Macht nichts, dann essen wir eben Cornflakes. Vater ist ja nicht da. Wie seid ihr denn auf die Idee gekommen?«

Ich zeige ihm die Karte.

»Gut«, sagt er, »finde ich gut! Also, ich nehme auf jeden Fall ein Kamel und einen König vielleicht. Bei den Fadenkreuzen kann ich euch ja helfen.«

»Ja! Und du könntest dann doch auch Teile der Weihnachtsgeschichte lesen und zwischendurch ein bißchen Gitarrenmusik im Hintergrund machen, ein paar englische Lieder vielleicht . . .«

Es klingelt. Isabelle kommt; sie hat sich mit Sandra gestritten: »Ich spiel nicht mehr mit ihr! Nie, nie!!! Sie ist keine Freundin, sie läßt mich nicht den Hammer haben zum Eis-kaputt-Schlagen.«

»Komm doch erst mal rein. Möchtest du die Kerze anzünden?«

»Kerze? Wo denn?«

»Vor der Krippe.«

»Oh, schöön!! Dürfen wir die jetzt wieder haben?«

»Ja!«

»Wer hat das gesagt?«

»Wir.«

»Hm.«

Wir haben keine Zeit für Isabelles Zweifel an unserer Autorität. Wir suchen Perlen und Garn, Stoffreste, Alleskleber, Fell und Wolle.

»Maria zuerst«, sagt Susanne. »Sie ist die wichtigste. Ich will Maria spielen. Guck mal, der rote Stoff von der alten Gardine ist schön als Rock. Und aus den blauen Manschetten von Stephans Trainingsanzug können wir die Bluse machen. Und dies hier als Kopftuch. Schwarze Haare muß sie haben. Diese Kugel wird der Kopf. Aber das Gesicht mußt du malen. Bei mir wird der Mund immer so groß . . . dabei hat Maria gar nicht viel geredet.«

»Wie meinst du das ?«

»Na ja, sie hat doch nur gesagt: Gut, wenn Gott es so will, dann will ich die Mutter von Jesus sein.«

»Meinst du, daß sie sonst nichts gesagt hat?«

»Schon! Sie hat bestimmt gesagt: ›Joseph, wenn wir doch bloß erst da wären; ich kann nicht mehr laufen . . .‹ Aber als sie ihr Kind dann geboren hatte, da hat sie es bestimmt immer nur angeguckt und war ganz erstaunt, daß dieses Kind für alle Menschen der Heiland sein sollte . . . Du mußt ihr große Augen machen, ja?«

»Ja, und eigentlich müßte ich ihr auch Ohren malen, weil sie doch so viel gehört hat.«

»Wieso?«

»Zuerst hat der Engel mit ihr geredet, und Joseph hat bestimmt auch etwas zu ihr gesagt. Und dann hat sie all die Leute gehört, die sagten: ›Nein! Wir haben auch keinen Platz! Geht weiter!‹ Und dann plötzlich in der Nacht kamen die Hirten und sagten: Dies ist das Kind, von dem die Engel geredet haben, unser Heiland und unser Herr! Und die Engel, sie sangen: Ehre sei Gott in der Höhe! Und später die Könige. Aber die haben vielleicht nicht viel gesagt; sie haben Gott gedankt, daß sie den wirklichen König gefunden haben, und ihm dann all ihre Schätze geschenkt.«

»So viel Verschiedenes hat sie gehört! Kann ich jetzt ihr Kopftuch schneiden?«

Es ist spät geworden. Susanne nimmt Maria mit in ihr Zimmer. Damit die Fäden nicht durcheinanderkommen, hängt sie die Marionette an die Hakenleiste neben Pinocchio. Da wartet sie nun auf ihre wirkliche Rolle.

Am nächsten Tag kommt der Esel dran. Der graubraun gestreifte Webpelz sieht wirklich wie Eselfell aus. Lange Ohren muß er haben. Aber sonst? Ich habe so lange keinen Esel gesehen!

Susanne holt ihre Tierzeitschrift. Wir haben Glück, es sind gerade Eselfotos drin. Ich hätte sonst nicht gewußt, daß Nase und Maul heller sein müssen und gerade das den »Esel-Look« ausmacht. Ohren und Kopf sind einfach, Mund und Nase werden aufgenäht, die Nasenlöcher gestickt. Aber die Augen! Ich habe weder dunkle Perlen noch Knöpfe. Da ist ein violett-brauner Reserveknopf von meinem Kleid. Blank und schön, aber eben nur einer! »Na ja«, sagte Susanne, »dann nimmst du eben einen von deinem Kleid dazu.«

»Von meinem Kleid abschneiden?«

»Ja, zeig mal! Du hast neun Knöpfe daran. Einen kannst du doch für den Esel opfern, oder?«

Jetzt, als ich die Schere hole, wird unser Vorhaben auch für Micha interessant.

»Schneidest du ihn wirklich ab?«

»Ja, den untersten.«

»Gut, dann geb ich auch meinen schwarzen Stein her; der wie ein Vogelei aussieht und bei mir oben auf dem Nachttisch liegt.«

»Deinen Stein? Und was soll der Esel damit?«

»Der Esel doch nicht. Den bringt der eine König mit, als Schatz. Das Kamel kann ihn ja tragen, verstehst du?«

Ich verstehe.

»Ich spiele nämlich doch mit. Ich nehme den König. Machst du ihn gleich? Oder mache lieber erst das Kamel. Wie soll sonst der König hergekommen sein, nicht?«

»Ja, gleich!«

Mit seinen glänzenden Augen sieht der Esel wirklich echt aus; der weiche runde Bauch und die schlackernden Beine mit den Holzfüßen. Wenn man ihn hinstellt, knickt er ein und liegt so ungelenk da, so hilflos und struppig wie ein aus dem Nest gefallener Vogel.

»Der Esel, der Esel, wo kommt der Esel her . . .?« singt Micha. Jetzt noch die Fäden!

»Nein«, sagt Susanne, »laß ihn doch so. Dann kann ich noch mit ihm spielen, bis die anderen Figuren fertig sind, ja?«

»Kannst du jetzt mein Kamel machen?« fragt Micha. »Ich hole schon mal den Stein, damit du weißt, wie groß die Satteltaschen sein müssen. Aber wie machst du eigentlich den Höcker?«

»Den stopfen wir aus.«

»Und das Fell?«

»Ich habe ein Stück Kamelhaarstoff mit echten Kamelhaaren.«

»Oh, prima, dann ist mein Kamel echter als Susis Esel!«

»Aber ob es so schön wird, weiß ich nicht!«

»Bestimmt!«

Micha hat recht. Es wird ein schönes Kamel. Gelassen und erhaben sitzt es da. Seine braunen Augen mit den langen Wimpern aus gefärbtem Kaninchenfell scheinen die Wüste meilenweit zu überblicken.

»Mein Kamel!!« jubelt Micha. »Ich hatte noch nie so ein schönes Kamel!«

Er legt es auf sein rotes Samtkissen. Und da liegt es nun – von der Nachttischlampe beschienen – und träumt von heißer Sonne und Wüstensand, von seinem weiten Weg nach Bethlehem. Doch vor diesen Strapazen ruht es sich aus und läßt sich von Michas Händen streicheln.

»Wieso hat Micha mein Kamel?« fragt Johannes. »Das wollte ich doch haben ... hatte ich doch gesagt! Finde ich blöd. Gib das Kamel her, Micha.«

»Nein! Mammie hat es mir gegeben! Es liegt auf meinem Tisch, und mein schwarzer Stein ist in seiner Tasche ...«

»Tut mir leid, Hannes; hatte ich vergessen. Könntest

du nicht den Ochsen nehmen, ich mache ihn besonders schön!«

Aber es fängt damit an, daß wir weder Stoff noch
Felle haben, die braun-weiß oder schwarz-weiß ge-
fleckt sind. Einen braunen Ochsen wollen wir nicht.
In Schleswig-Holstein sind Kühe schwarz-bunt.

So stricke ich ein Kuhfell. Ich stricke, während Micha rechnet: 82 − 8 = ? Und ich stricke, als Susanne für
alle Abendbrot macht, weil Micha und Isabelle ins
Bett müssen.

Das Fell ist jetzt fertig und dann auch so etwas wie
ein Körper mit Kopf; aber nach Kuh oder Ochse sieht
es nicht aus.

»Ich kann keinen Ochsen machen!« seufze ich.

Hannes läßt sich nicht beirren: »Mach einfach weiter! Irgendwann wird es schon nach Ochse aussehen.
Nähe doch mal diese großen Glasaugen an, die sind
sehr kuhig.«

Es sind Teddybäraugen. Und als auch die Ohren
dran sind, sieht der Kuhkopf aus wie eine Eule mit
Sonnenhut. Die Wimpern − ausgefranster schwarzer
Stoff − helfen ein wenig. Aus weichem Ziegenleder
rolle ich die Hörner, leicht geschwungen − sie endlich
bringen das Eigentliche.

»Ich weiß gar nicht, was du willst!« sagt Hannes, als
er die Treppe hinaufgeht. »Das ist doch eine Kuh oder
ein Ochse! Kann ich ihn mitnehmen?«

»Nein, er hat ja noch keine Beine! Es wird eine sit-
zende Kuh, dann brauche ich nur die Vorderbeine zu
machen. Ich bin müde. Geht ihr wenigstens schlafen.
Isabelles Schaf kommt morgen dran.«

Es ist nach Mitternacht, als die Kuh mich aus sanften Kuhaugen ansieht und sich gemächlich neben Maria und den Esel legt. Kein Joseph, kein König, kein Hirte – nur Maria mit den Tieren. Ich stelle diese kleine Gruppe auf den Frühstückstisch, eine halb abgebrannte Kerze dazu. Morgen früh werde ich die Kinder fünf Minuten eher wecken und beim Frühstück die Kerze anzünden. Wir werden etwas weniger eilig sein und sogar noch Zeit haben, ein Lied zu singen; eins, das man auch nach Weihnachten noch singen kann: »Jesus ist kommen, Grund ewiger Freude.«

Ich denke an die Buddhisten und Hinduisten mit ihren Hausaltären, die Katholiken mit ihrem Herrgottswinkel und finde es schade, daß wir Protestanten so nüchtern lehrhaft das Wort allein haben. Ob Reformatoren auch heute noch alle Bilder und Altäre verbieten würden? Es ist zu spät, um darüber nachzudenken.

Am nächsten Morgen: Frühstück mit Kerze, draußen ist es noch dunkel. Später, als die drei älteren Kinder in der Schule sind, sitzen Isabelle und ich am großen Tisch. Wir nehmen ein Stück Lammfell – synthetisch, aber schön – und machen ein Schaf daraus: rund und weich mit rundem Maul und hängenden Ohren; blasse Augen und ein Näschen. Es gelingt so nebenher. Isabelle würde ohnehin jedes Wollknäuel mit vier Beinen als Schaf akzeptieren. Ich denke: Gut, daß es nicht ein vollständiger Zoo sein muß, sonst kämen wir nie zu den Personen!

Isabelle drückt das Schaf an sich und zögert:

»Aber . . . Mammie . . . wo ist denn sein Kind? Dies ist doch die Mutter, oder?«

»Isabelle, das Kind . . . ich meine: Das Lamm, das bringen die Hirten dann mit als Geschenk für das Jesuskind, ja?«

»O ja!«

Und mittags nach der Schule, als wir zusammen essen und Maria mit den Tieren so vor uns steht, meint Susanne: »Jetzt müssen wir aber wirklich den Joseph machen und das Kind natürlich! Nimmst du wieder eine Mullbinde als Windel – und Fell für die Haare, wie bei der alten Krippe?«

»Ja, das könnte ich.«

»Oder wollen wir lieber das Kind aus der alten Krippe nehmen? Das Kind braucht sich ja nicht zu bewegen, und dann haben wir dasselbe Jesuskind wie in den letzten Jahren. Es ist so schön!«

Susanne hat recht. Wie sehr wir doch an dem Gewohnten hängen!

Johannes sagt: »Nachher, wenn ich mit den Schularbeiten fertig bin, gehe ich mal in die Werkstatt in den Keller und säge die Krippe zurecht. Ich mache dann auch gleich die Fadenkreuze.«

»Gut, dann kann ich ja mit den Figuren anfangen. Aber zuerst brauche ich einen Kaffee, das ist ja richtige Arbeit!«

»Der Hut für Joseph ist schön«, sagte Micha. »Ist das echtes Leder?«

»Ja, gefärbtes Ziegenleder.«

»Machst du mir auch so einen?«

»Micha, ich hab doch nur kleine Reste. Geh du lieber

und suche draußen einen Stock für Joseph und trockenes Gras für die Krippe.«

»Ja, ich schnitze auch gleich ein Messer aus diesen Holzsplittern da vom Kaminholz! Keine Angst, ich schneide mich nicht!«

Susanne sitzt da und näht Hemden für die Hirten, dazu Röcke, Mäntel und Umhänge für die Könige. Wie gut, daß sie ihre Maschine hat! Später webt sie die Stola für den ersten König fertig; einen bunten Streifen, den sie in Neuguinea einmal angefangen hat. So kommt wenigstens dieser Webstoff von weiter her aus dem Osten. Auch der Batikumhang des braunen Königs stammt aus Jogjakarta. Die Krone aus Goldfolie soll genauso sein wie immer: mit roten und grünen Perlen besetzt. Und der König wird diese kostbare Krone in die Krippe legen als ein Zeichen dafür, daß er den wirklichen König gefunden hat. Der Hirte bringt das Lamm mit, wie versprochen. Und der dritte König, wie ein reicher Scheich angezogen, kommt mit seinem Kamel, den schwarzen Stein in der Satteltasche. Etwas Schmuck von Isabelle und Susanne hängt über dem Kamelrücken.

Zwei Hirten fehlen noch. Aber wir haben nun zehn Tage lang nur Krippenfiguren gebastelt, und ich sage deshalb: »Die Hirten können wir in einem Jahr an Weihnachten machen. Guckt euch mal Tisch und Boden an! Ich muß jetzt erst einmal fegen!«

Wir stellen Figuren und Tiere, Krippe und Jesuskind vor den alten Stall mit dem Dach aus getrockneten, hölzernen Blumenstengeln. Obendrauf steckt der große Strohstern, den Johannes einmal im Internat gemacht hat. Isabelle setzt ihre zwei kleinen blauen Vögel dazu. Eigentlich passen sie nicht recht, aber sie gehören ihr, und sie sollen dabei sein.

»Engel!« ruft Susanne. »Wir haben die Engel vergessen!«

»Die Engel kommen dann, wenn wieder Weihnachten ist. Ich finde, wir binden auch die Fäden erst an die Figuren und Holzkreuze, wenn wir es spielen, sonst kommen sie nur durcheinander. Wir lassen es eine Weile so stehen, bis Vater im Februar von seiner Reise zurück ist. Dann packen wir die Figuren wirklich ein, wenn es euch recht ist. Die Tiere dürfen bei euch bleiben das ganze Jahr über.«

Ich denke, die Tiere werden nach diesem Jahr etwas älter aussehen, weil sie gebraucht und geliebt werden. Aber sie sind ein Stück von Weihnachten, das bei uns bleibt.

Ich bin gespannt, wie wir die Weihnachtsgeschichte im nächsten Jahr spielen werden, wenn auch die Kinder alle ein Jahr älter sind. Welche Lieder sie aussuchen werden und welche Texte. Und wer welche Rolle spielen wird. Aber es wird sicher wieder so sein, daß die Hirten rechts und die Könige links von der Krippe stehen. Sie werden nicht nur stehen, sondern laufen und knien und reden. Und wir werden mit ihnen singen: »Ich steh an deiner Krippe hier, o Jesu, du mein Leben ...« Aber dazu müssen wir doch auf Weihnachten warten und den 24. Dezember.

Quellennachweis

Hanna Ahrens, Maria, Joseph, Könige und Kamele. Aus: Hanna Ahrens, Feste, die vom Himmel fallen, Brunnen Verlag Gießen, 4. Aufl. 1992

William Ashley Anderson, Erscheinung am Weihnachtsabend. Rechte beim Autor. Rechte an der Übersetzung: Das Beste aus Reader's Digest, Stuttgart.

Hans Bender, Die Herberge. Rechte beim Autor.

Walter Benjamin, Ein Weihnachtsengel. Aus:Walter Benjamin, Gesammelte Schriften, Band IV, © Suhrkamp Verlag Frankfurt am Main 1972, »Ein Weihnachtsengel«.

Rolf Bielke, Als zu Weihnachten all die Brüder Hilfreich hilflos im Saal saßen. Aus: Andreas Benda, Noch die kleinste Pfütze spiegelt den Himmel, Brunnen Verlag Gießen, 3. Aufl. 1991.

Irmela Brender, Es begab sich aber zu der Zeit. Rechte bei der Autorin.

Helmut Gollwitzer, Die rettende Stunde. Aus: Helmut Gollwitzer, Und führen, wohin du nicht willst, © Gütersloher Verlagshaus, Gütersloh.

Hugo Hartung, Eine ganz belanglose Geschichte. Aus: Die goldenen Gnaden, E. Wancura-Verlag, Wien 1960. Alle Rechte vorbehalten.

Manfred Hausmann, Das Hirtengespräch. Aus: ders. Quartier bei Magelone. Erzählungen aus den Jahren 1935–1955, © S. Fischer Verlag GmbH, Frankfurt am Main 1983.

Johannes von Hildesheim, Die Gaben der Drei Könige. Aus: Die Legende von den Heiligen Drei Königen.

Ursula Imhof, »Finsternis weichet«. Aus: dies. Und über uns der Regenbogen, Brunnen Verlag Gießen 1993.

Marie Luise Kaschnitz, Alle Jahr wieder. Aus: dies. Lange Schatten, © 1960 Claassen Verlag GmbH, Hamburg (jetzt Econ Ullstein List Verlag, München)

Erich Kästner, Sechsundvierzig Heiligabende. Aus: ders. Der tägliche Kram, © Atrium Verlag und Thomas Kästner.

Ursula Koch, Weihnachtsfeier. Aus: dies. Sahel heißt Ufer, Brunnen Verlag Gießen 1985.

Willi Kramp, Wir sind Beschenkte, Aus: ders. Wir sind Beschenkte, Brunnen Verlag Gießen 1985.

Selma Lagerlöf, Die heilige Nacht. Aus: dies. Christuslegenden, © Nymphenburger Verlag in der F. A. Herbig Verlagsbuchhandlung GmbH, München.

Josef Reding, Lebte Christus nur ein paar Stunden? Aus: ders. Kein Platz für kostbare Krippen, © Josef Reding, Recklinghausen 1979.

Josef Reding, Kein Platz für kostbare Krippen, Aus: ders. Kein Platz für kostbare Krippen, © Josef Reding, Recklinghausen 1979.

Barbara Robinson, Hilfe, die Herdmanns kommen. Aus: dies. Hilfe, die Herdmanns kommen, Verlag Friedrich Oetinger, Hamburg 1972.

Herbert Tjadens, Käpt'n Johns Weihnachtsgarn. Aus: ders. Käpt'n Johns Weihnachtsgarn, © C. Bertelsmann Verlag GmbH, München.

Rudolf Otto Wiemer, Die Reise nach Bethlehem. Aus: ders. Die Reise nach Bethlehem, © Gütersloher Verlagshaus, Gütersloh.

Cornelia Mack (Hrsg.)
Werkbuch Weihnachten
Ein Ideenbuch mit Erzählungen, Anspielen, Meditationen und
vielem mehr ...

272 Seiten, ABCteam-Werkbuch, Paperback, 2. Auflage
Bestell-Nr. 3-7655-2943-5

Weihnachten feiern in Familie und Gemeinde – Cornelia Mack
gibt zahlreiche Anregungen und Hilfestellungen, wie man die
»schönste Zeit des Jahres« auf besondere Weise erleben kann.
Zahlreiche Geschichten, Meditationen, Zeichnungen,
Karikaturen, Cartoons, Erzählungen, Anspiele,
Gestaltungsvorschläge, Ideen und Erfahrungen – ein überaus
wertvolles Buch für jeden, der die Weihnachtszeit für sich oder
andere sinnvoll gestalten will.

Dieter und Vreni Theobald
Heut schließt er wieder auf die Tür
Ein Familienbuch für die Advents- und Weihnachtszeit

192 Seiten, Taschenbuch, 4. Auflage
Bestell-Nr. 3-7655-3615-6

Wie man Advent und Weihnachten feiern kann, haben Dieter
und Vreni Theobald in diesem Familienbuch zusammengestellt.
In bunter Auswahl sind alte und neue Advents- und
Weihnachtserzählungen aufgeführt, Berichte über alte
Weihnachtsbräuche und Sitten, Backrezepte, Gedichte, kleine
Anspiele und noch manch andere Besonderheiten.

BRUNNEN VERLAG GIESSEN